BOSSUET

Les Éditions Originales

DES

ORAISONS FUNÈBRES

PORTRAIT SUR ACIER

D'après *FICQUET & SAVARD* par

PAQUIEN

LETTRES ORNÉES, FLEURONS, CULS-DE-LAMPE, PAR L. M.

PARIS

JULES BONNASSIES, 32, RUE SERPENTE

M. DCCC. LXXVII

ORAISONS FUNÈBRES

DE

BOSSUET

IL A ÉTÉ TIRÉ :

2 Exemplaires fur *parchemin* (1 & 2).
10 — papier du *Japon* (1 à 10).
20 — — *Whatman* (1 à 20).
16 — — de *Chine véritable* (1 à 16).
754 — — de *Hollande*.
―――
802

Les exemplaires fur *parchemin, Japon, Whatman & Chine* contiennent une épreuve, *avant lettre*, fur leur papier refpectif.

Paris. — Imprimerie Motteroz, rue du Dragon, *31*.

ORAISON FVNEBRE

DE

HENRIETTE MARIE

DE FRANCE

Reine de la Grand' Bretagne

Prononcée le 16. *Novembre* 1669. *en presence de* MONSIEUR, *Frere unique du Roi,* & *de* MADAME

EN L'ÉGLISE DES RELIGIEUSES DE SAINCTE MARIE
DE CHALLIOT
OU REPOSE LE CŒUR DE SA MAJESTÉ

Par MONSIEUR L'ABBÉ BOSSUET
Nommé à l'Evesché de Condom.

A PARIS

CHEZ SÉBASTIEN MABRE-CRAMOISY
IMPRIMEUR DU ROY, RUE S. JACQUES
Aux Cicognes
M DC LXIX
Avec Privilege de Sa Maiesté

ORAISON FVNE'BRE

DE LA REINE

DE LA

GRAND'BRETAGNE

Et nunc Reges, intelligite; erudimini qui judicatis terram. Pſal. 2.

Maintenant, ô Rois, apprenez; inſtruiſez-vous, Juges de la Terre.

MONSEIGNEVR,

ELUI qui regne dans les Cieux, & de qui relevent tous les Empires, à qui ſeul appartient la gloire, la Majeſté, & l'indépendance, eſt auſſi le ſeul qui ſe glorifie de faire la loi aux Rois, & de leur donner, quand il lui plaît, de grandes & de terribles leçons. Soit qu'il éleve les Trônes, ſoit qu'il les abaiſſe; ſoit qu'il communique ſa puiſſance aux Princes, ſoit qu'il la retire à lui-même, & ne leur laiſſe que leur propre foibleſſe : il leur apprend leurs devoirs d'une maniére ſouveraine & digne de lui. Car en leur donnant ſa puiſſance, il leur commande d'en uſer comme il fait lui-même pour le bien du monde ; & il leur fait voir en la retirant que toute leur Majeſté eſt empruntée, & que pour être aſſis ſur le Trône, ils n'en ſont pas moins ſous ſa main, & ſous ſon autorité ſuprême. C'eſt ainſi qu'il inſtruit les Princes, non-ſeulement par des diſcours & par des paroles, mais encore par des effets, & par des exemples. *Et nunc Reges intelligite; erudimini qui judicatis terram.*

Chrétiens, que la mémoire d'une grande Reine, Fille, Femme, Mere de Rois ſi puiſſans, & Souveraine de trois Roiaumes, appelle de tous côtez à cette triſte cérémonie ; ce diſcours vous fera paroître un de ces exemples redoutables, qui étalent aux yeux du monde ſa vanité toute entiére. Vous verrez dans une ſeule vie toutes les extrémitez des choſes humaines : La félicité ſans bornes, auſſi bien que les miſeres ; une longue & paiſible jouïſſance d'une des plus nobles Couronnes de l'Univers ; tout ce que peuvent donner de plus glorieux la naiſſance & la grandeur accumulé ſur une teſte, qui en ſuite eſt expoſée à tous les outrages de la fortune ; la bonne cauſe d'abord ſuivie de bons ſuccés, & depuis, des retours ſoudains ; des changemens inouïs ; la rebellion long-temps retenüe, à la fin tout-à-fait maîtreſſe ; nul frein à la licence ; les Loix abolies ; la Majeſté violée par des attentats juſques alors inconnus ; l'uſurpation & la tirannie ſous le nom de liberté ; une Reine fugitive, qui ne trouve aucune retraitte dans trois Roiaumes, & à qui ſa propre Patrie n'eſt plus qu'un triſte lieu d'éxil ; neuf voiages ſur Mer entrepris par une Princeſſe malgré les tempeſtes : l'Ocean étonné de ſe voir traversé tant de fois en des appareils si divers, & pour des causes si différentes; un Trône indignement renversé, & miraculeusement rétabli. Voilà les enseignemens que Dieu donne aux Rois : Ainsi fait-il voir au monde le néant de ses pompes, & de ses grandeurs. Si les paroles nous manquent, si les expressions ne répondent pas à un sujet si vaste, & si relevé; les choses parleront assez d'elles-mêmes. Le cœur d'une grande Reine, autrefois élevé par une si longue suite de prospéritez, & puis plongé tout à coup dans un abîme d'amertumes, parlera assez haut : Et s'il n'est pas permis aux particuliers de faire des leçons aux Princes sur des évenemens si étranges, un Roi me preste ses paroles pour leur dire; *Et nunc Reges intelligite; erudimini qui judicatis terram :* Entendez, ô Grands de la terre, instruisez-vous arbitres du monde.

Mais la sage & religieuse Princesse qui fait le sujet de ce discours, n'a pas été seulement un spectacle proposé aux hommes, pour y estudier les conseils de la Divine Providence, & les fatales revolutions des Monarchies; elle s'est instruite elle-même, pendant que Dieu instruisoit les Princes par son exemple fameux. J'ay déjà dit que ce grand Dieu les enseigne, & en leur donnant, & en leur ostant leur puissance. La Reine, dont nous parlons, a également entendu deux leçons si opposées; c'est à dire, qu'elle a usé chrétiennement de la bonne & de la mauvaise fortune. Dans l'une elle a été bienfaisante, dans l'autre elle s'est montrée toûjours invincible. Tant qu'elle a été heureuse, elle a fait sentir son pouvoir au monde par des bontez infinies; quand la fortune l'eût abandonnée, elle s'enrichit plus que jamais elle-même de vertus : Tellement qu'elle a perdu pour son propre bien cette puissance Roiale qu'elle avoit pour le bien des autres; & si ses Sujets, si ses

Alliez, si l'Eglise univerfelle a profité de fes grandeurs, elle-même a fçeu profiter de fes malheurs & de fes difgraces plus qu'elle n'avoit fait de toute fa gloire. C'eft ce que nous remarquerons dans la vie éternellement memorable de tres-haute, tres-excellente & tres-puiffante Princeffe Henriette Marie de France, Reine de la Grand'Bretagne.

Quoi que perfonne n'ignore les grandes qualitez d'une Reine, dont l'Hiftoire a rempli tout l'Univers, je me fens obligé d'abord à les rappeler en vôtre memoire, afin que cette idée nous ferve pour toute la fuite du difcours. Il feroit fuperflu de parler au long de la glorieufe naiffance de cette Princeffe : On ne void rien fous le Soleil qui en égale la grandeur. Le Pape S. Gregoire a donné dés les premiers fiécles cét Eloge fingulier à la Couronne de France ; qu'elle eft autant au-deffus des autres Couronnes du monde, que la Dignité Roiale furpaffe les fortunes particuliéres. Que s'il a parlé en ces termes du temps du Roi Childebert, & s'il a élevé fi haut la race de Merovée : jugez ce qu'il auroit dit du Sang de S. Louis, & de Charlemagne. Iffuë de cette race, fille de Henry le Grand, & de tant de Rois, fon grand cœur a furpaffé fa naiffance. Toute autre place qu'un Trône eût été indigne d'elle. A la verité elle eût de quoi fatisfaire à fa noble fierté, quand elle vit qu'elle alloit unir la Maifon de France, à la Roiale Famille des Stuarts, qui eftoient venus à la fucceffion de la Couronne d'Angleterre par une fille de Henry VII. mais qui tenoient de leur Chef, depuis plufieurs fiécles, le Sceptre d'Ecoffe, & qui defcendoient de ces Rois Antiques, dont l'origine fe cache fi avant dans l'obfcurité des premiers temps. Mais fi elle eût de la joye de regner fur une grande Nation, c'eft parce qu'elle pouvoit contenter le defir immenfe, qui fans ceffe la follicitoit à

faire du bien. Elle eût une magnificence Roiale, & l'on
eût dit qu'elle perdoit ce qu'elle ne donnoit pas. Ses
autres vertus n'ont pas été moins admirables. Fidele
dépofitaire des plaintes & des fecrets, elle difoit que les
Princes devoient garder le même filence que les Confeffeurs, & avoir la même difcrétion. Dans la plus
grande fureur des Guerres Civiles, jamais on n'a douté
de fa parole, ni defefperé de fa clemence. Quelle autre
a mieux pratiqué cét art obligeant, qui fait qu'on fe
rabaiffe fans fe dégrader, & qui accorde fi heureufement la liberté avec le refpect ? Douce, familiére,
agréable, autant que ferme & vigoureufe, elle fçavoit
perfuader & convaincre, auffi bien que commander,
& faire valoir la raifon non moins que l'autorité. Vous
verrez avec quelle prudence elle traitoit les affaires ; &
une main fi habile eût fauvé l'Etat, fi l'Etat eût pu
eftre fauvé. On ne peut affez louër la magnanimité de
cette Princeffe. La fortune ne pouvoit rien fur elle ;
ni les maux qu'elle a préveûs, ni ceux qui l'ont furprife, n'ont abatu fon courage. Que diray-je de fon
attachement immuable à la Religion de fes Anceftres ?
Elle a bien fçeû reconnoître que cét attachement faifoit
la gloire de fa Maifon, auffi bien que celle de toute la
France, feule Nation de l'Univers, qui depuis douze
fiécles prefque accomplis, que fes Rois ont embraffé le
Chriftianifme, n'a jamais veû fur le Trône que des
Princes enfans de l'Eglife. Auffi a-t-elle toûjours déclaré, que rien ne feroit capable de la détacher de la
Foi de S. Louïs. Le Roi fon mari lui a donné, jufques
à la mort, ce bel éloge, qu'il n'y avoit que le feul
point de la Religion, où leurs cœurs fuffent defunis ; &
confirmant par fon témoignage la piété de la Reine, ce
Prince très-éclairé a fait connoître en même temps à
toute la terre, la tendreffe, l'amour conjugal, la fainte

& inviolable fidelité de ſon Epouſe incomparable.

Dieu qui rapporte tous ſes conſeils à la conſervation de ſa ſainte Egliſe, & qui fecond en moiens, employe toutes choſes à ſes fins cachées, s'eſt ſervi autrefois des chaſtes attraits de deux ſaintes Heroïnes, pour delivrer ſes fideles des mains de leurs ennemis. Quand il voulut ſauver la ville de Béthulie, il tendit en la beauté de Judith un piége imprevû, & inévitable à l'aveugle brutalité d'Holoferne. Les graces pudiques de la Reine Eſther eurent un effet auſſi ſalutaire, mais moins violent. Elle gagna le cœur du Roi ſon mari; & fit d'un Prince infidele, un illuſtre protecteur du Peuple de Dieu. Par un conſeil à peu prés ſemblable, ce grand Dieu avoit préparé un charme innocent au Roi d'Angleterre, dans les agrémens infinis de la Reine ſon Épouſe. Comme elle poſſedoit ſon affection (car les nuages qui avoient paru au commencement furent bientôt diſſipez) & que ſon heureuſe fécondité redoubloit tous les jours les ſacrez liens de leur amour mutuelle: ſans commettre l'autorité du Roi ſon Seigneur, elle emploioit ſon crédit à procurer un peu de repos aux Catholiques accablez. Dés l'âge de quinze ans elle fut capable de ces ſoins: & ſeize années d'une proſpérité accomplie, qui coulérent ſans interruption, avec l'admiration de toute la terre, furent ſeize années de douceur pour cette Egliſe affligée. Le crédit de la Reine obtint aux Catholiques ce bonheur ſingulier & preſque incroiable, d'être gouvernez ſucceſſivement par trois Nonces Apoſtoliques qui leur apportoient les conſolations, que reçoivent les enfans de Dieu de la communication avec le Saint Siége. Le Pape Saint Grégoire écrivant au pieux Empereur Maurice, lui repréſente en ces termes les devoirs des Rois Chrétiens: *Sçachez, ô grand Empereur, que la Souveraine Puiſſance vous eſt accordée d'enhaut, afin que la Vertu foit aidée, que les voies du Ciel foient élargies, & que l'Empire de la Terre ferve à l'Empire du Ciel.* C'eft la vérité elle même qui lui a dicté ces belles paroles. Car qu'y a-t'il de plus convenable à la puiffance, que de fecourir la Vertu ? A quoi la force doit-elle fervir, qu'à défendre la raifon ? Et pourquoi commandent les hommes, fi ce n'eft pour faire que Dieu foit obéi ? Mais furtout, il faut remarquer l'obligation fi glorieufe que ce grand Pape impofe aux Princes, d'élargir les voies du Ciel. Jesvs-Christ a dit dans fon Evangile, que le chemin eft étroit qui méne à la vie ; & voici ce qui le rend fi étroit. C'eft que le Jufte, févére à lui-même, & perfecuteur irreconciliable de fes propres paffions, fe trouve encore perfecuté par les injuftes paffions des autres ; & ne peut pas même obtenir que le monde le laiffe en repos dans ce fentier folitaire & rude, où il grimpe plûtôt qu'il ne marche. Accourez, dit Saint Gregoire, Puiffances du fiécle : voiez dans quel fentier la vertu chemine ; doublement à l'étroit, & par elle-même, & par l'effort de ceux qui la perfecutent : fecourez-la, tendez-lui la main : puifque vous la voiez déjà fatiguée du combat qu'elle foûtient au-dedans contre tant de tentations qui accablent la nature humaine, mettez-la du moins à couvert des infultes du dehors. Ainfi vous élargirez un peu les voies du Ciel, & rétablirez ce chemin, que fa hauteur & fon afpreté rendront toûjours affez difficile.

Mais fi jamais l'on peut dire que la voie du Chrétien eft étroite; c'eft, Messievrs, durant les perfecutions. Car que peut-on imaginer de plus malheureux que de ne pouvoir conferver la foi, fans s'expofer au fupplice, ni facrifier fans trouble, ni chercher Dieu qu'en tremblant ? Tel eftoit l'état déplorable des Catholiques Anglois. L'erreur, & la nouveauté fe faifoient entendre dans toutes les Chaires; & la doctrine ancienne, qui, selon l'oracle de l'Evangile, doit être prêchée jusques sur les toits, pouvoit à peine parler à l'oreille. Les enfans de Dieu étoient étonnez de ne voir plus ni l'Autel, ni le Sanctuaire, ni ces Tribunaux de misericorde, qui justifient ceux qui s'accusent. O douleur! Il falloit cacher la pénitence avec le même soin qu'on eût fait les crimes; & Jesvs-Christ même se voioit contraint, au grand malheur des hommes ingrats, de chercher d'autres voiles, & d'autres tenebres, que ces voiles, & ces tenebres mystiques, dont il se couvre volontairement dans l'Eucharistie. A l'arrivée de la Reine, la rigueur se ralentît, & les Catholiques respirerent. Cette Chapelle Roiale qu'elle fit bâtir avec tant de magnificence dans son palais de Sommerset, rendoit à l'Eglise sa premiére forme. Henriette digne fille de S. Louis, y animoit tout le monde par son exemple; & y soûtenoit avec gloire par ses retraites, par ses priéres, & par ses dévotions, l'ancienne réputation de la Tres-Chrétienne Maison de France. Les Prêtres de l'Oratoire, que le grand Pierre de Bérulle avoit conduits avec elle, & aprés eux les Peres Capucins, y donnerent par leur piété, aux Autels, leur veritable décoration; & au Service Divin, sa Majesté naturelle. Les Prêtres & les Religieux, zelez & infatigables Pasteurs de ce troupeau affligé, qui vivoient en Angleterre pauvres, errans, travestis, *desquels aussi le monde n'estoit pas digne*, venoient reprendre avec joie les marques glorieuses de leur profession dans la Chappelle de la Reine; & l'Eglise desolée, qui autrefois pouvoit à peine gemir librement, & pleurer sa gloire passée, faisoit retentir hautement les Cantiques de Sion dans une terre étrangére. Ainsi la pieuse Reine consoloit la captivité des Fideles, & relevoit leur espérance.

Quand Dieu laisse sortir du puis de l'abîme la fumée

qui obfcurcit le Soleil, felon l'expreffion de l'Apocalypfe, c'eft à dire, l'erreur & l'heréfie; quand pour punir les fcandales, ou pour réveiller les Peuples & les Pafteurs, il permet à l'efprit de feduction de tromper les ames hautaines, & de répandre par tout un chagrin fuperbe, une indocile curiofité, & un efprit de révolte; il détermine dans fa fageffe profonde les limites qu'il veut donner au malheureux progrés de l'erreur, & aux fouffrances de fon Eglife. Je n'entreprends pas, Chrétiens, de vous dire la deftinée des Heréfies de ces derniers fiécles, ni de marquer le terme fatal, dans lequel Dieu a refolu de borner leur cours. Mais fi mon jugement ne me trompe pas; fi rapellant la memoire des fiécles paffez, j'en fais un jufte rapport à l'état prefent : j'ofe croire, & je voi les fages concourir à ce fentiment, que les jours d'aveuglement font écoulez, & qu'il eft temps deformais que la lumiére revienne. Lorfque le Roi HENRI VIII, Prince en tout le refte accompli, s'égara dans les paffions qui ont perdu Salomon, & tant d'autres Rois, & commença d'ébranler l'autorité de l'Eglife : les fages lui dénoncerent qu'en remuant ce feul point, il mettoit tout en peril, & qu'il donnoit contre fon deffein une licence effrénée aux âges fuivans. Les fages le prévirent; mais les fages font-ils crûs en ces temps d'emportement, & ne fe rit-on pas de leurs Propheties ? Ce qu'une judicieufe prévoiance n'a pû mettre dans l'efprit des hommes, une maîtreffe plus impérieufe, je veux dire l'expérience, les a forcez de le croire. Tout ce que la Religion a de plus faint, a été en proie. L'Angleterre a tant changé, qu'elle ne fçait plus elle-même à quoi s'en tenir; & plus agitée en fa terre & dans fes ports mêmes, que l'Ocean qui l'environne, elle fe voit inondée par l'effroiable débordement de mille Sectes bizarres. Qui fçait fi étant revenuë de fes erreurs prodigieufes

touchant la Roiauté, elle ne pouſſera pas plus loin ſes
réfléxions ; & ſi ennuiée de ſes changemens, elle ne re-
gardera pas avec complaiſance l'état qui a précédé ? Cependant admirons ici la piété de la Réine, qui a ſçeû ſi
bien conſerver les précieux reſtes de tant de perſécu-
tions. Que de pauvres, que de malheureux, que de famille ruïnées pour la cauſe de la Foi, ont ſubſiſté pendant tout le cours de ſa vie, par l'immenſe profuſion de
ſes aumônes ! Elles ſe répandoient de toutes parts juſqu'aux derniéres extrémitez de ſes trois Roiaumes ; &
s'étendant par leur abondance, même ſur les ennemis
de la Foi, elles adouciſſoient leur aigreur, & les rame-
noient à l'Egliſe. Ainſi non ſeulement elle conſervoit,
mais encore elle augmentoit le peuple de Dieu. Les
converſions eſtoient innombrables ; & ceux qui en ont
été témoins oculaires nous ont appris, que pendant trois
ans de ſéjour qu'elle a fait dans la Cour du Roi ſon
Fils, ſa ſeule Chapelle Roiale a veû plus de trois cens
convertis, ſans parler des autres, abjurer ſaintement
leurs erreurs entre les mains de ſes Aumôniers. Heureuſe d'avoir conſervé ſi ſoigneuſement l'étincelle de ce
feu divin que Jesvs eſt venu allumer au monde ! Si
jamais l'Angleterre revient à ſoi, ſi ce levain précieux
vient un jour à ſanctifier toute cette maſſe, où il a eſté
mêlé par ces Roiales mains : la poſtérité la plus éloignée
n'aura pas aſſez de loüanges pour célébrer les vertus de
la religieuſe Henriette, & croira devoir à ſa piété
l'ouvrage ſi mémorable du rétabliſſement de l'Egliſe.

Que ſi l'Hiſtoire de l'Egliſe garde chérement la memoire de cette Reine ; noſtre Hiſtoire ne taira pas les
avantages qu'elle a procurez à ſa Maiſon & à ſa Patrie.
Femme & Mere tres-cherie & tres-honorée, elle a re-
concilié avec la France le Roi ſon Mari, & le Roi ſon
Fils. Qui ne ſçait qu'aprés la memorable action de

l'Iſle de Ré, & durant ce fameux ſiége de la Rochelle, cette Princeſſe promte à ſe ſervir des conjonctures importantes, fît conclure la paix, qui empeſcha l'Angleterre de continuer ſon ſecours aux Calviniſtes revoltez? Et dans ces derniéres années, aprés que noſtre grand Roi, plus jaloux de ſa parole & du ſalut de ſes Alliez que de ſes propres intereſts, eût déclaré la guerre aux Anglois ; ne fut-elle pas encore une ſage & heureuſe Médiatrice ? Ne réünit-elle pas les deux Roiaumes ? Et depuis encore ne s'eſt-elle pas appliquée en toutes rencontres à conſerver cette même intelligence? Ces ſoins regardent maintenant vos Altesses Roiales : & l'exemple d'une grande Reine, auſſi bien que le ſang de France & d'Angleterre, que vous avez uni par vôtre heureux mariage, vous doit inſpirer le deſir de travailler ſans ceſſe à l'union de deux Rois qui vous ſont ſi proches, & de qui la puiſſance & la vertu peuvent faire le deſtin de toute l'Europe.

Monseignevr, ce n'eſt plus ſeulement par cette vaillante main & par ce grand cœur que vous acquererez de la gloire. Dans le calme d'une profonde Paix vous aurez des moiens de vous ſignaler ; & vous pouvez ſervir l'Etat, ſans l'alarmer, comme vous avez fait tant de fois, en expoſant au milieu des plus grands hazards de la guerre une vie auſſi précieuſe, & auſſi néceſſaire que la vôtre. Ce ſervice, Monseignevr, n'eſt pas le ſeul qu'on attend de vous ; & l'on peut tout eſperer d'un Prince que la ſageſſe conſeille, que la valeur anime, & que la juſtice accompagne dans toutes ſes actions. Mais où m'emporte mon zéle, ſi loin de mon triſte ſujet ? Je m'arreſte à conſidérer les vertus de Philippes, & ne ſonge pas que je vous dois l'hiſtoire des malheurs de Henriette.

J'avouë en la commençant, que je ſens plus que jamais la difficulté de mon entreprife. Quand j'envifage de prés les infortunes inouïes d'une fi grande Reine, je ne trouve plus de paroles : & mon efprit rebuté de tant d'indignes traitemens qu'on a faits à la majefté & à la vertu, ne fe réfoudroit jamais à fe jetter parmi tant d'horreurs ; fi la conftance admirable avec laquelle cette Princeffe a foûtenu fes calamitez, ne furpaffoit de bien loin les crimes qui les ont caufées. Mais en même temps, Chrétiens, un autre foin me travaille. Ce n'eft pas un ouvrage humain que je médite. Je ne fuis pas ici un Hiftorien qui doive vous déveloper le fecret des cabinets, ni l'ordre des batailles, ni les interefts des partis : Il faut que je m'éleve au-deffus de l'homme, pour faire trembler toute créature fous les jugemens de Dieu. *J'entrerai* avec David *dans les puiffances du Seigneur* : & j'ai à vous faire voir les merveilles de fa main & de fes confeils ; confeils de jufte vengeance fur l'Angleterre ; confeils de mifericorde pour le falut de la Reine : mais confeils marquez par le doigt de Dieu, dont l'empreinte eft fi vive & fi manifefte dans les évenemens que j'ai à traiter, qu'on ne peut réfifter à cette lumiére.

Quelque haut qu'on puiffe remonter, pour rechercher dans les hiftoires, les exemples des grandes mutations ; on trouve que jufques ici elles font caufées, ou par la molleffe, ou par la violence des Princes. En effet, quand les Princes négligeant de connoître leurs affaires & leurs armées, ne travaillent qu'à la chaffe, comme difoit cét Historien ; n'ont de gloire que pour le luxe, ni d'efprit que pour inventer des plaifirs ; ou quand emportez par leur humeur violente, ils ne gardent plus ni loix ni mefures, & qu'ils ôtent les égards & la crainte aux hommes, en faifant que les maux qu'ils fouffrent, leur paroiffent plus infuportables que ceux qu'ils prévoient : alors ou la licence exceſſive, ou la patience pouſſée à l'extrémité, menacent terriblement les Maiſons regnantes. Charles I. Roi d'Angleterre étoit juſte, modéré, magnanime, tres-inſtruit de ſes affaires & des moiens de regner. Jamais Prince ne fut plus capable de rendre la Roiauté, non-ſeulement venérable & ſainte, mais encore aimable & chere à ſes Peuples. Que lui peut-on reprocher, ſinon ſa clemence ? Je veux bien avouër de lui ce qu'un auteur celebre a dit de Ceſar, qu'il a eſté clement, juſqu'à être obligé de s'en repentir : *Cæſari proprium & peculiare fit clementiæ inſigne, quâ uſque ad pœnitentiam omnes ſuperavit.* Que ce ſoit donc là, ſi l'on veut, l'illuſtre defaut de Charles auſſi bien que de Ceſar : mais que ceux qui veulent croire que tout eſt foible dans les malheureux & dans les vaincus, ne penſent pas pour cela nous perſuader que la force ait manqué à ſon courage, ni la vigueur à ſes conſeils. Pourſuivi à toute outrance par l'implacable malignité de la fortune, trahi de tous les ſiens, il ne s'eſt pas manqué à lui-même. Malgré les mauvais ſuccés de ſes armes infortunées, ſi on a pû le vaincre, on n'a pas pû le forcer : & comme il n'a jamais refuſé ce qui étoit raiſonnable, étant vainqueur ; il a toûjours rejetté ce qui étoit foible & injuſte, étant captif. J'ai peine à contempler ſon grand cœur dans ces derniéres épreuves. Mais certes il a montré qu'il n'eſt pas permis aux rebelles de faire perdre la majeſté à un Roi qui ſçait ſe connoître : & ceux qui ont veû de quel front il a paru dans la ſale de Weſtminſter & dans la place de Witthal, peuvent juger aiſément combien il étoit intrépide à la teſte de ſes armées, combien auguſte & majeſtueux au milieu de de ſon Palais & de ſa Cour. Grande Reine, je ſatisfais à vos plus tendres deſirs, quand je celebre ce Monarque : & ce cœur qui n'a jamais vêcu que pour lui, ſe réveille tout cendre qu'il eſt, & devient ſenſible, même ſous ce drap mortuaire, au nom d'un Epoux ſi cher; à qui ſes ennemis mêmes accorderont le titre de ſage & celui de juſte, & que la poſterité mettra au rang des grands Princes, ſi ſon Hiſtoire trouve des Lecteurs, dont le jugement ne ſe laiſſe pas maîtriſer aux événemens ni à la fortune.

Ceux qui ſont inſtruits des affaires, étant obligez d'avouër que le Roi n'avoit point donné d'ouverture ni de prétexte aux excés ſacrileges dont nous abhorrons la memoire, en accuſent la fierté indomtable de la Nation : & je confeſſe que la haine des parricides pourroit jetter les eſprits dans ce ſentiment. Mais quand on conſidére de plus prés l'hiſtoire de ce grand Roiaume, & particuliérement les derniers Regnes, où l'on voit non ſeulement les Rois Majeurs, mais encore les Pupilles, & les Reines même ſi abſoluës, & ſi redoutées; quand on regarde la facilité incroiable avec laquelle la Religion a été, ou renverſée, ou rétablie par Henri, par Edoüard, par Marie, par Elizabeth : on ne trouve, ni la Nation ſi rebelle, ni ſes Parlemens ſi fiers & ſi factieux. Au contraire on eſt obligé de reprocher à ces Peuples, d'avoir été trop ſoûmis ; puis qu'ils ont mis ſous le joug leur foi même & leur conſcience. N'accuſons donc pas aveuglément le naturel des habitans de l'Iſle la plus célébre du monde, qui, ſelon les plus fideles Hiſtoires, tirent leur origine des Gaules : & ne croions pas que les Merciens, les Danois, & les Saxons, aient tellement corrompu en eux ce que nos Peres leur avoient donné de bon ſang, qu'ils ſoient capables de s'emporter à des procedez ſi barbares, s'il ne s'y eſtoit mêlé d'autres cauſes. Qu'eſt-ce donc qui les a pouſſez ? Quelle force, quel tranſport, quelle intemperie a cauſé ces agitations & ces violences ? N'en doutons pas,

Chrétiens: Les fausses Religions, le libertinage d'esprit, la fureur de disputer des choses divines sans fin, sans regle, sans soûmission, a emporté les courages. Voilà les ennemis que la Reine a eû à combattre, & que ni sa prudence, ni sa douceur, ni sa fermeté, n'ont pû vaincre.

J'ai déja dit quelque chose de la licence où se jettent les esprits, quand on ébranle les fondemens de la Religion, & qu'on remuë les bornes une fois posées. Mais comme la matiére que je traite me fournit un exemple manifeste & unique dans tous les siécles de ces extrémitez furieuses : il est, Messievrs, de la necessité de mon sujet, de remonter jusques au principe, & de vous conduire pas à pas par tous les excés où le mépris de la Religion ancienne, & celui de l'autorité de l'Eglise, ont été capables de pousser les hommes.

Donc la source de tout le mal est, que ceux qui n'ont pas craint de tenter au siécle passé la reformation par le schisme, ne trouvant point de plus fort rempart contre toutes leurs nouveautez, que la sainte autorité de l'Eglise, ont été obligez de la renverser. Ainsi les Decrets des Conciles, la doctrine des Peres, & leur sainte unanimité, l'ancienne tradition du Saint Siége & de l'Eglise Catholique, n'ont plus été comme autrefois des Lois sacrées & inviolables. Chacun s'est fait à soi-même un tribunal, où il s'est rendu l'arbitre de sa croiance : & encore qu'il semble que les novateurs aient voulu retenir les esprits, en les renfermant dans les limites de l'Ecriture Sainte ; comme ce n'a été qu'à condition que chaque Fidele en deviendroit l'interpréte, & croiroit que le Saint Esprit lui en dicte l'explication, il n'y a point de particulier qui ne se voie autorisé par cette doctrine à adorer ses inventions, à consacrer ses erreurs, à appeller Dieu tout ce qu'il pense. Dés lors on

a bien préveû que la licence n'aiant plus de frein, les
Sectes se multiplieroient jusqu'à l'infini ; que l'opiniâ-
treté seroit invincible ; & que tandis que les uns ne
cesseroient de disputer, ou donneroient leurs resveries
pour inspirations, les autres fatiguez de tant de folles
visions, & ne pouvant plus reconnoître la majesté de la
Religion, dechirée par tant de Sectes, iroient enfin chercher un repos funeste, & une entiére indépendance,
dans l'indifférence des Religions, ou dans l'Athéisme.

Tels, & plus pernicieux encore, comme vous verrez
dans la suite, sont les effets naturels de cette nouvelle
doctrine. Mais de même qu'une eau débordée ne fait
pas par tout les mêmes ravages, parce que sa rapidité
ne trouve pas par tout les mêmes panchans & les
mêmes ouvertures : ainsi quoi que cét esprit d'indoci-
lité & d'indépendance, soit également répandu dans
toutes les Heréfies de ces derniers siécles, il n'a pas
produit universellement les mêmes effets ; il a reçeû
diverses limites, suivant que la crainte, ou les interests,
ou l'humeur des particuliers & des nations, ou enfin la
puissance Divine, qui donne quand il lui plaît des bornes
secrettes aux passions des hommes les plus emportées,
l'ont differemment retenu. Que s'il s'est montré tout
entier à l'Angleterre, & si sa malignité s'y est déclarée
sans reserve ; les Rois en ont souffert, mais aussi les
Rois en ont été cause. Ils ont trop fait sentir aux
Peuples que l'ancienne Religion se pouvoit changer.
Les Sujets ont cessé d'en réverer les maximes, quand
ils les ont veû ceder aux passions, & aux interests de leurs
Princes. Ces terres trop remuées, & devenuës inca-
pables de consistance, sont tombées de toutes parts, &
n'ont fait voir que d'effroiables précipices. J'appelle
ainsi tant d'erreurs témeraires & extravagantes qu'on
voioit paroître tous les jours. Ne croiez pas que ce

soit seulement la querelle de l'Episcopat, ou quelques chicanes sur la Liturgie Anglicane, qui aient émeû les Communes. Tout cela n'étoit encore que de foibles commencemens, par où ces esprits turbulens faisoient comme un essai de leur liberté. Mais quelque chose de plus violent se remuoit dans le fond des cœurs : c'étoit un dégoût secret de tout ce qui a de l'autorité, & une demangeaison d'innover sans fin, aprés qu'on en a veû le premier exemple.

Ainsi les Calvinistes plus hardis que les Luthériens, ont servi à établir les Sociniens qui ont été plus loin qu'eux, & dont ils grossissent tous les jours le parti. Les Sectes infinies des Anabaptistes sont sorties de cette même source : & leurs opinions mêlées au Calvinisme ont fait naître les Indépendans, qui n'ont point eû de bornes ; parmi lesquels on voit les Trembleurs gens Fanatiques, qui croient que toutes leurs resveries leur sont inspirées ; & ceux qu'on nomme Chercheurs, à cause que dix-sept cens ans aprés Jesus-Christ ils cherchent encore la Religion, & n'en ont point d'arrêtée.

C'est, Messieurs, en cette sorte que les esprits une fois émûs tombant de ruines en ruines, se sont divisez en tant de sectes. En vain les Rois d'Angleterre ont crû les pouvoir retenir sur cette pante dangereuse, en conservant l'Episcopat. Car que peuvent des Evèques, qui ont anéanti eux-mêmes l'autorité de leur Chaire, & la reverence qu'on doit à la succession, en condamnant ouvertement leurs Prédecesseurs, jusques à la source même de leur Sacre ; c'est-à-dire jusqu'au pape S. Gregoire, & au Saint Moine Augustin son Disciple, & le premier Apostre de la Nation Angloise ? Qu'est-ce que l'Episcopat, quand il se sépare de l'Eglise, qui est son tout, aussi bien que du Saint Siége, qui est son centre, pour s'attacher contre sa nature à la Roiauté comme à son chef? Ces deux puissances d'un ordre si different ne s'unissent pas, mais s'embarassent mutuellement, quand on les confond ensemble : & la Majesté des Rois d'Angleterre seroit demeurée plus inviolable, si contente de ses droits sacrez, elle n'avoit point voulu attirer à soi les droits, & l'autorité de l'Eglise. Ainsi rien n'a retenu la violence des esprits feconds en erreurs : & Dieu, pour punir l'irreligieuse instabilité de ces Peuples, les a livrez à l'intemperance de leur folle curiosité ; en sorte que l'ardeur de leurs disputes insensées, & leur Religion arbitraire, est devenuë la plus dangereuse de leurs maladies.

Il ne faut point s'étonner s'ils perdirent le respect de la Majesté, & des Loix, ni s'ils devinrent factieux, rebelles, & opiniâtres. On énerve la Religion quand on la change, & on lui oste un certain poids, qui seul est capable de tenir les Peuples. Ils ont dans le fond du cœur je ne sçai quoi d'inquiet qui s'échape, si on leur oste ce frein necessaire ; & on ne leur laisse plus rien à ménager, quand on leur permet de se rendre maîtres de leur Religion. C'est de là que nous est né ce prétendu regne de Christ, inconnu jusques alors au Christianisme, qui devoit anéantir toute Roiauté, & égaler tous les hommes ; songe seditieux des Indépendans, & leur chimere impie & sacrilege. Tant il est vrai que tout se tourne en revoltes, & en pensées seditieuses, quand l'autorité de la Religion est anéantie. Mais pourquoi chercher des preuves d'une verité que le S. Esprit a prononcée par une sentence manifeste? Dieu mème menace les Peuples qui alterent la Religion qu'il a établie, de se retirer du milieu d'eux, & par là de les livrer aux guerres civiles. Ecoutez comme il parle par la bouche du Prophete Zacharie: *Leur ame*, dit le Seigneur, *a varié envers moi*, quand ils ont ſi ſouvent changé la Religion ; *& je leur ai dit, je ne ſerai plus vôtre Paſteur :* c'eſt-à-dire, je vous abandonneray à vous-mêmes, & à vôtre cruelle deſtinée ; & voiez la ſuite. *Que ce qui doit mourir, aille à la mort ; que ce qui doit être retranché, ſoit retranché.* Entendez-vous ces paroles ? *Et que ceux qui demeureront, ſe devorent les uns les autres.* O Prophetie trop réelle, & trop veritablement accomplie ! La Reine avoit bien raiſon de juger qu'il n'y avoit point de moien d'ôter les cauſes des guerres civiles, qu'en retournant à l'unité Catholique, qui a fait fleurir durant tant de ſiécles l'Egliſe & la Monarchie d'Angleterre, autant que les plus ſaintes Egliſes, & les plus illuſtres Monarchies du monde. Ainſi quand cette pieuſe Princeſſe ſervoit l'Egliſe, elle croioit ſervir l'Etat, & aſſeurer au Roi des ſerviteurs, en conſervant à Dieu des Fideles. L'expérience a juſtifié ſes ſentimens ; & il eſt vrai que le Roi ſon fils n'a rien trouvé de plus ferme dans ſon ſervice, que ces Catholiques ſi haïs, ſi perſecutez, que lui avoit ſauvez la Reine ſa mere. En effet il eſt viſible, que puiſque la ſeparation, & la revolte contre l'autorité de l'Egliſe, a été la ſource d'où ſont dérivez tous les maux ; on n'en trouvera jamais les remédes que par le retour à l'unité, & par la ſoûmiſſion ancienne. C'eſt le mépris de cette unité qui a diviſé l'Angleterre. Que ſi vous me demandez comment tant de factions oppoſées, & tant de Sectes incompatibles, qui ſe devoient apparemment détruire les unes les autres, ont pû ſi opiniâtrément conſpirer enſemble contre le Trône Roial, vous l'allez apprendre.

Un homme s'eſt rencontré d'une profondeur d'eſprit incroiable, hypocrite rafiné autant qu'habile politique, capable de tout entreprendre & de tout cacher, également actif & infatigable dans la paix & dans la guerre,

qui ne laiſſoit rien à la fortune de ce qu'il pouvoit lui ôter
par conſeil & par prévoiance ; mais au reſte ſi vigilant,
& ſi preſt à tout, qu'il n'a jamais manqué les occaſions
qu'elle lui a preſentées ; enfin un de ces eſprits remuans
& audacieux, qui ſemblent être nez pour changer le
monde. Que le ſort de tels eſprits eſt hazardeux, & qu'il
en paroît dans l'hiſtoire à qui leur audace a été funeſte !
Mais auſſi que ne font-ils pas, quand il plaît à Dieu de
s'en ſervir ? Il fut donné à celui-ci de tromper les Peuples, & de prévaloir contre les Rois. Car comme il eût
apperçeû que dans ce mélange infini de Sectes, qui
n'avoient plus de regles certaines, le plaiſir de dogma-
tiſer ſans être repris ni contraint par aucune autorité
Eccleſiaſtique ni ſeculiere, étoit le charme qui poſſedoit les eſprits : il ſçeût ſi bien les concilier par là, qu'il
fit un corps redoutable de cét aſſemblage monſtrueux.
Quand une fois on a trouvé le moien de prendre la
multitude par l'apas de la liberté, elle ſuit en aveugle,
pourveû qu'elle en entende ſeulement le nom. Ceux-ci
occupez du premier objet qui les avoit tranſportez,
alloient toûjours, ſans regarder qu'ils alloient à la ſer-
vitude : & leur ſubtil conducteur, qui en combattant,
en dogmatiſant, en mêlant mille perſonnages divers, en
faiſant le Docteur & le Prophete, auſſi bien que le
ſoldat & le Capitaine, vit qu'il avoit tellement enchanté
le monde, qu'il étoit regardé de toute l'armée comme
un Chef envoié de Dieu pour la protection de l'indépendance, commença à s'appercevoir qu'il pouvoit encore les pouſſer plus loin. Je ne vous raconterai pas
la ſuite trop fortunée de ſes entrepriſes, ni ſes fameuſes
victoires dont la vertu eſtoit indignée, ni cette longue
tranquilité qui a étonné l'Univers. C'étoit le Conſeil de
Dieu d'inſtruire les Rois à ne point quitter ſon Egliſe.
Il vouloit découvrir par un grand exemple tout ce que

peut l'herefie, combien elle eft naturellement indocile & indépendante, combien fatale à la Roiauté, & à toute autorité legitime. Au refte, quand ce grand Dieu a choifi quelqu'un pour être l'inftrument de fes deffeins, rien n'en arrête le cours; ou il enchaîne, ou il aveugle, ou il domte tout ce qui eft capable de refiftance. *Je fuis le Seigneur*, dit-il par la bouche de Jeremie; *c'eft moi qui ai fait la terre avec les hommes, & les animaux, & je la mets entre les mains de qui il me plaift. Et maintenant j'ai voulu foûmettre ces terres à Nabuchodonofor Roi de Babylone, mon ferviteur.* Il l'appelle fon ferviteur quoiqu'infidele, à caufe qu'il l'a nommé pour exécuter fes decrets. *Et j'ordonne,* pourfuit-il, *que tout lui foit foûmis, jufqu'aux animaux.* Tant il eft vrai que tout ploie, & que tout eft fouple quand Dieu le commande. Mais écoutez la fuite de la Prophetie. *Je veux que ces peuples lui obeïffent, & qu'ils obeïffent encore à fon fils, jufqu'à ce que le temps des uns & des autres vienne.* Voiez, Chrétiens, comme les temps font marquez, comme les generations font comtées: Dieu détermine jufques quand doit durer l'affoupiffement, & quand auffi fe doit réveiller le monde.

Tel a été le fort de l'Angleterre. Mais que dans cette effroiable confufion de toutes chofes, il eft beau de confiderer ce que la grande HENRIETTE a entrepris pour le falut de ce Roiaume; fes voiages, fes negotiations, fes traittez, tout ce que fa prudence & fon courage oppofoient à la fortune de l'Etat, & enfin fa conftance par laquelle n'aiant pû vaincre la violence de la deftinée, elle en a fi noblement foûtenu l'effort. Tous les jours elle ramenoit quelqu'un des rebelles; & de peur qu'ils ne fuffent malheureufement engagez à faillir toûjours, parce qu'ils avoient failli une fois, elle vouloit qu'ils trouvaffent leur refuge dans fa bonté, & leur fûreté dans sa parole. Ce fut entre ses mains que le Gouverneur de Scarborougk remit ce Port, & ce Château inaccessible. Les deux Hothams pere & fils, qui avoient donné le premier exemple de perfidie, en refusant au Roi même les portes de la Forteresse, & du Port de Hull, choisirent la Reine pour médiatrice, & devoient rendre au Roi cette Place avec celle de Béverlei. Mais ils furent prévenus, & décapitez : & Dieu qui voulut punir leur honteuse desobeïssance par les propres mains des rebelles, ne permit pas que le Roi profitât de leur repentir. Elle avoit encore gagné un Maire de Londres, dont le credit étoit grand, & plusieurs autres Chefs de la faction. Presque tous ceux qui lui parloient, se rendoient à elle : & si Dieu n'eût point été inflexible, si l'aveuglement des Peuples n'eût pas été incurable, elle auroit gueri les esprits ; & le parti le plus juste auroit été le plus fort.

On sçait, MESSIEVRS, que la Reine a souvent exposé sa personne dans ces conférences secretes ; mais j'ay à vous faire voir de plus grands hazards. Les Rebelles s'étoient saisis des Arsenaux & des Magazins ; & malgré la défection de tant de Sujets, malgré l'infame desertion de la milice même, il étoit encore plus aisé au Roi de lever des soldats que de les armer. Elle abandonne pour avoir des armes & des munitions, non seulement ses joiaux, mais encore le soin de sa vie. Elle se met en mer au mois de Fevrier, malgré l'hiver & les tempestes ; & sous prétexte de conduire en Hollande la Princesse Roiale, sa fille aînée, qui avoit été mariée à Guillaume Prince d'Orange, elle va pour engager les Etats dans les interests du Roi, lui gagner des Officiers, lui amener des munitions. L'hiver ne l'avoit pas effraiée, quand elle partit d'Angleterre ; l'hiver ne l'arreste pas onze mois aprés, quand il faut retourner auprés du Roi : mais le succés n'en fut pas semblable. Je tremble

au feul recit de la tempeſte furieuſe, dont ſa flotte fut
batuë durant dix jours. Les Matelots allarmez en perdirent l'eſprit de fraieur, & quelques-uns d'entre eux ſe
précipitérent dans les ondes. Elle toûjours intrépide,
autant que les vagues étoient émeuës, raſſûroit tout le
monde par ſa fermeté. Elle excitoit ceux qui l'accompagnoient à eſpérer en Dieu qui faiſoit toute ſa confiance; & pour éloigner de leur eſprit les funeſtes idées
de la mort qui ſe preſentoit de tous côtez, elle diſoit
avec un air de ſérénité qui ſembloit déja ramener le
calme, que les Reines ne ſe noioient pas. Hélas! elle
eſt réſervée à quelque choſe de bien plus extraordinaire : & pour s'être ſauvée des flots, ſon naufrage n'en
ſera pas moins déplorable. Elle vit perir ſes vaiſſeaux,
& preſque toute l'eſpérance d'un ſi grand ſecours. L'A-
miral, où elle étoit, conduit par la main de celui qui
domine ſur la profondeur de la mer, & qui domte ſes
flots ſoûlevez, fut repouſſé aux Ports de Hollande; &
tous les Peuples furent étonnez d'une delivrance ſi mi-
raculeuſe.

Ceux qui ſont échapez du naufrage, diſent un
éternel adieu à la mer & aux vaiſſeaux; ils n'en
peuvent même ſupporter la veuë. Ce ſont les paroles de Tertullien. Cependant onze jours aprés,
ô réſolution étonnante! la Reine à peine ſortie
d'une tourmente ſi épouventable, preſſée du deſir
de revoir le Roi, & de le ſecourir, oſe encore ſe
commettre à la furie de l'Ocean, & à la rigueur de
l'hiver. Elle ramaſſe quelques vaiſſeaux qu'elle charge
d'Officiers & de munitions, & repaſſe enfin en Angleterre. Mais qui ne ſeroit étonné de la cruelle
deſtinée de cette Princeſſe? Aprés s'eſtre ſauvée
des flots, une autre tempeſte lui fut preſque fatale.
Cent piéces de canon tonnérent ſur elle à ſon

arrivée, & la maifon où elle entra fut percée de leurs coups. Qu'elle eût d'affeurance dans cét effroiable peril! Mais qu'elle eût de clemence pour l'auteur d'un fi noir attentat! On l'amena prifonnier peu de temps aprés; elle lui pardonna fon crime, le livrant pour tout fupplice à fa confcience, & à la honte d'avoir entrepris fur la vie d'une Princeffe fi bonne & fi généreufe. Tant elle étoit au deffus de la vengeance, auffi bien que de la crainte. Mais ne la verrons nous jamais auprés du Roi, qui foûhaite fi ardemment fon retour? Elle brûle du même defir, & déja je la voi paroître dans un nouvel appareil. Elle marche comme un Général à la tefte d'une armée Roiale, pour traverfer des Provinces que les Rebelles tenoient prefque toutes. Elle affiége & prend d'affaut en paffant une Place confidérable qui s'oppofoit à fa marche; elle triomphe, elle pardonne; & enfin le Roi la vient recevoir dans une campagne, où il avoit rèmporté l'année précédente une victoire fignalée fur le Général Effex. Une heure aprés on apporta la nouvelle d'une grande bataille gagnée. Tout fembloit profpérer par fa prefence; les Rebelles étoient confternez : & fi la Reine en eût été cruë, fi au lieu de divifer les armées Roiales, & de les amufer contre fon avis aux fiéges infortunez de Hull & de Glocefter, on eût marché droit à Londres, l'affaire étoit décidée, & cette campagne eût fini la guerre. Mais le moment fut manqué. Le terme fatal approchoit; & le Ciel qui fembloit fufpendre, en faveur de la piété de la Reine, la vengeance qu'il méditoit, commença à fe déclarer. *Tu fçais vaincre*, difoit un brave Africain au plus rufé Capitaine qui fut jamais, *mais tu ne fçais pas ufer de ta victoire: Rome que tu tenois, t'échape; & le deftin ennemi t'a ôté tantôt le moien, tantôt la penfée de la prendre.* Depuis ce malheureux moment tout alla vifiblement en décadence, & les affaires furent fans retour. La Reine qui fe trouva groffe, & qui ne pût par tout fon crédit faire abandonner ces deux fiéges, qu'on vit enfin fi mal réüffir, tomba en langueur, & tout l'Etat languit avec elle. Elle fut contrainte de fe feparer d'avec le Roi, qui étoit prefque affiégé dans Oxford, & ils fe dirent un adieu bien trifte, quoiqu'ils ne fçeuffent pas que c'étoit le dernier. Elle fe retire à Exeter, ville forte, où elle fut elle-même bien-tôt affiégée; elle y accoucha d'une Princeffe & fe vit douze jours aprés contrainte de prendre la fuite pour fe refugier en France.

PRINCESSE, dont la deftinée eft fi grande & fi glorieufe, faut-il que vous naiffiez en la puiffance des ennemis de vôtre Maifon? O Eternel, veillez fur elle; Anges faints rangez à l'entour vos efcadrons invifibles, & faites la garde autour du berceau d'une Princeffe fi grande & fi delaiffée. Elle eft deftinée au fage & valeureux PHILIPPES, & doit des Princes à la France, dignes de lui, dignes d'elle, & dignes de leurs Ayeux. Dieu l'a protégée, MESSIEVRS. Sa Gouvernante deux ans aprés tire ce précieux enfant des mains des Rebelles : & quoiqu'ignorant fa captivité, & fentant trop fa grandeur, elle fe découvre elle-même ; quoi que refufant tous les autres noms, elle s'obftine à dire qu'elle eft la Princeffe ; elle eft enfin amenée auprés de la Reine fa mere, pour faire fa confolation durant fes malheurs, en attendant qu'elle faffe la félicité d'un grand Prince, & la joie de toute la France. Mais j'interromps l'ordre de mon Hiftoire. J'ai dit que la Reine fut obligée à fe retirer de fon Roiaume : en effet elle partit des Ports d'Angleterre à la veuë des vaiffeaux des Rebelles, qui la pourfuivoient de fi prés, qu'elle entendoit prefque leurs cris & leurs menaces infolentes. O voiage bien different de celui qu'elle avoit fait fur la même mer, lors que venant prendre poffeffion du Sceptre de la Grand'Bretagne, elle voioit, pour ainfi dire, les ondes fe courber fous elle, & foûmettre toutes leurs vagues à la dominatrice des mers! Maintenant chaffée, pourfuivie par fes ennemis implacables, qui avoient eû l'audace de lui faire fon procés, tantôt fauvée, tantôt prefque prife, changeant de fortune à chaque quart d'heure, n'aiant pour elle que Dieu, & fon courage inébranlable elle n'avoit ni affez de vents ni affez de voiles pour favorifer fa fuïte précipitée. Mais enfin elle arrive à Breft, où aprés tant de maux il lui fut permis de refpirer un peu.

Quand je confidére en moi-même les perils extrêmes & continuels, qu'a couru cette Princeffe fur la mer & fur la terre, durant l'efpace de prés de dix ans ; & que d'ailleurs je vois que toutes les entreprifes font inutiles contre fa Perfonne, pendant que tout réüffit d'une maniére furprenante contre l'Etat: que puis-je penfer autre chofe, finon que la Providence, autant attachée à lui conferver la vie, qu'à renverfer fa puiffance, a voulu qu'elle furvêquît à fes grandeurs, afin qu'elle pût furvivre aux attachemens de la terre, & aux fentimens d'orgueil qui corrompent d'autant plus les ames, qu'elles font plus grandes, & plus élevées? Ce fut un Confeil à peu prés femblable, qui abaiffa autrefois David fous la main du rebelle Abfalom. *Le voiez-vous ce grand Roi*, dit le faint & éloquent Prêtre de Marfeille, *le voiez-vous feul, abandonné, tellement déchû dans l'efprit des fiens, qu'il devient un objet de mépris aux uns, &, ce qui eft plus infuportable à un grand courage, un objet de pitié aux autres; ne fçachant,* pourfuit Salvien, *de laquelle de ces deux chofes il avoit le plus à fe plaindre, ou de ce que Siba le nourriffoit, ou de ce que Sémei avoit l'infolence de le maudire.* Voila, MESSIEVRS, une image, mais imparfaite, de la Reine d'Angleterre, quand aprés de fi étranges humiliations, elle fut encore contrainte de paroître au monde, & d'étaler, pour ainfi dire, à la France même, & au Louvre, où elle étoit née avec tant de gloire, toute l'étenduë de fa miſére. Alors elle put bien dire avec le Prophete Iſaie : *Le Seigneur des armées a fait ces choſes, pour anéantir tout le faſte des grandeurs humaines, & tourner en ignominie ce que l'Vnivers a de plus auguſte.* Ce n'eſt pas que la France ait manqué à la fille de Henri le Grand. Anne la magnanime, la pieuſe, que nous ne nommerons jamais ſans regret, la receut d'une maniére convenable à la Majeſté des deux Reines. Mais les affaires du Roi ne permettant pas que cette ſage Regente pût proportionner le remede au mal ; jugez de l'état de ces deux Princeſſes. Henriette d'un ſi grand cœur, eſt contrainte de demander du ſecours : Anne d'un ſi grand cœur, ne peut en donner aſſez. Si l'on eût pû avancer ces belles années, dont nous admirons maintenant le cours glorieux : Lovis, qui entend de ſi loin les gemiſſemens des Chrétiens affligez ; qui aſſûré de ſa gloire, dont la ſageſſe de ſes Conſeils, & la droiture de ſes intentions lui répondent toûjours malgré l'incertitude des événemens, entreprend lui ſeul la cauſe commune, & porte ſes armes redoutées à travers des eſpaces immenſes de mer & de terre ; auroit-il refuſé ſon bras à ſes voiſins, à ſes alliez, à ſon propre ſang, aux droits ſacrez de la Roiauté qu'il ſçait ſi bien maintenir ? Avec quelle puiſſance l'Angleterre l'auroit-elle veu invincible defenfeur, ou vangeur preſent de la Majeſté violée ? Mais Dieu n'avoit laiſſé aucune reſource au Roi d'Angleterre : tout lui manque, tout lui eſt contraire. Les Ecoſſois, à qui il ſe donne, le livrent aux Parlementaires Anglois ; & les Gardes fideles de nos Rois, trahiſſent le leur. Pendant que le Parlement d'Angleterre songe à congédier l'armée ; cette armée toute indépendante, reforme elle-même à sa mode le Parlement, qui eût gardé quelques mesures, & se rend Maîtresse de tout. Ainsi le Roi est mené de captivité en captivité; & la Reine remuë en vain la France, la Hollande, la Pologne même, & les Puissances du Nort les plus éloignées. Elle ranime les Ecossois, qui arment trente mille hommes : elle fait avec le Duc de Lorraine une entreprise pour la delivrance du Roi son Seigneur, dont le succés paroît infaillible, tant le concert en est juste : elle retire ses chers enfans, l'unique espérance de sa Maison; & confesse, à cette fois, que parmi les plus mortelles douleurs, on est encore capable de joie. Elle console le Roi, qui lui écrit de sa prison même, qu'elle seule soûtient son esprit, & qu'il ne faut craindre de lui aucune bassesse, parce que sans cesse il se souvient qu'il est à elle. O mere, ô femme, ô Reine admirable, & digne d'une meilleure fortune, si les fortunes de la terre étoient quelque chose ; enfin il faut ceder à vôtre sort. Vous avez assez soûtenu l'Etat, qui est attaqué par une force invincible & divine : il ne reste plus desormais, sinon que vous teniez ferme parmi ses ruines.

Comme on voit une colonne, ouvrage d'une antique architecture, qui paroît le plus ferme appui d'un temple ruineux, lors que ce grand édifice qu'elle soûtenoit, fond sur elle sans l'abattre : ainsi la Reine se montre le ferme soûtien de l'Etat, lors qu'aprés en avoir long-temps porté le faix, elle n'est pas même courbée sous sa chûte.

Qui cependant pourroit exprimer ses justes douleurs ? Qui pourroit raconter ses plaintes ? Non, Messieurs, Jeremie lui-même, qui seul semble être capable d'égaler les Lamentations aux calamitez, ne suffiroit pas à de tels regrets. Elle s'écrie avec ce Prophete : *Voiez, Seigneur, mon affliction. Mon ennemi s'est fortifié, & mes enfans sont perdus.* Le cruel a mis sa main sacrilege sur ce qui m'étoit le plus cher. La Roiauté a été profanée, & les Princes sont foulez aux pieds. *Laissez-moi, je pleurerai amérement; n'entreprenez pas de me consoler. Le glaive a frapé au dehors, mais je sens en moi-même une mort semblable.*

Mais aprés que nous avons écoûté ses plaintes : Saintes Filles, ses cheres amies, (car elle vouloit bien vous nommer ainsi) vous qui l'avez veuë si souvent gémir devant les autels de son unique Protecteur, & dans le sein desquelles elle a versé les secretes consolations qu'elle en recevoit ; mettez fin à ce discours, en nous racontant les sentimens Chrétiens, dont vous avez été les témoins fideles. Combien de fois a-t-elle en ce lieu remercié Dieu humblement de deux grandes graces ; l'une de l'avoir fait Chrétienne ; l'autre, MESSIEURS : qu'attendez-vous ? Peut-être d'avoir rétabli les affaires du Roi son fils ? Non. C'est de l'avoir fait Reine malheureuse. Ha je commence à regretter les bornes étroittes du lieu où je parle ! Il faut éclatter, percer cette enceinte, & faire retentir bien loin une parole qui ne peut être assez entenduë. Que ses douleurs l'ont renduë sçavante dans la science de l'Evangile, & qu'elle a bien connû la Religion, & la vertu de la Croix, quand elle a uni le Christianisme avec les malheurs ! Les grandes prospéritez nous aveuglent, nous transportent, nous égarent, nous font oublier Dieu, nous-mêmes, & les sentimens de la Foi. De là naissent des monstres de crimes, des rafinemens de plaisir, des délicatesses d'orgueil, qui ne donnent que trop de fondement à ces terribles maledictions, que JESUS-CHRIST a prononcées dans son Evangile : *Malheur à vous qui riez ; malheur à vous qui estes pleins, & contens du monde.* Au contraire, comme le Chriſtianiſme a pris ſa naiſſance de la Croix, ce ſont auſſi les malheurs qui le fortifient. Là on expie ſes pechez; là on épure ſes intentions; là on tranſporte ſes deſirs de la Terre au Ciel; là on perd tout le goût du monde, & on ceſſe de s'appuier ſur ſoi-même & ſur ſa prudence. Il ne faut pas ſe flatter; les plus experimentez dans les affaires font des fautes capitales. Mais que nous nous pardonnons aiſément nos fautes, quand la fortune nous les pardonne! & que nous nous croions bientôt les plus éclairez & les plus habiles, quand nous ſommes les plus élevez & les plus heureux! Les mauvais ſuccés ſont les ſeuls maîtres qui peuvent nous reprendre utilement, & nous arracher cét aveu d'avoir failli, qui coûte tant à nôtre orgueil. Alors quand les malheurs nous ouvrent les yeux, nous repaſſons avec amertume ſur tous nos faux pas : nous nous trouvons également accablez de ce que nous avons fait, & de ce que nous avons manqué de faire; & nous ne ſçavons plus par où excuſer cette prudence préſomptueuſe, qui ſe croioit infaillible. Nous voions que Dieu ſeul eſt ſage; & en déplorant vainement les fautes qui ont ruiné nos affaires, une meilleure réflexion nous apprend à déplorer celles qui ont perdu nôtre éternité, avec cette ſinguliére conſolation, qu'on les répare quand on les pleure.

Dieu a tenu douze ans ſans relâche, ſans aucune conſolation de la part des hommes, nôtre malheureuſe Reine; (donnons-lui hautement ce titre, dont elle a fait un ſujet d'actions de graces) lui faiſant étudier ſous ſa main ces dures, mais ſolides leçons. Enfin fléchi par ſes vœux & par ſon humble patience, il a rétabli la Maiſon Roiale. CHARLES II. eſt reconnû, & l'injure des Rois a été vangée. Ceux que les armes n'avoient pû vaincre, ni les conseils ramener, sont revenus tout à coup d'eux-mêmes : déçeûs par leur liberté, ils en ont à la fin détesté l'excés ; honteux d'avoir tant pû & leurs propres succés leur faisant horreur. Nous sçavons que ce Prince magnanime eût pû hâter ses affaires, en se servant de la main de ceux qui s'offroient à détruire la tyrannie par un seul coup. Sa grande ame a dédaigné ces moiens trop bas ; il a crû qu'en quelque état que fussent les Rois, il étoit de leur Majesté de n'agir que par les Loix, ou par les armes. Ces Loix qu'il a protegées, l'ont rétabli presque toutes seules : il regne paisible & glorieux sur le Trône de ses Ancêtres ; & fait regner avec lui la justice, la sagesse, & la clemence.

Il est inutile de vous dire combien la Reine fut consolée par ce merveilleux événement ; mais elle avoit appris par ses malheurs, à ne changer pas dans un si grand changement de son état. Le monde une fois banni, n'eût plus de retour dans son cœur. Elle vit avec étonnement que Dieu, qui avoit rendu inutiles tant d'entreprises & tant d'efforts, parce qu'il attendoit l'heure qu'il avoit marquée, quand elle fut arrivée, alla prendre, comme par la main, le Roi son fils, pour le conduire à son Trône. Elle se soûmit plus que jamais à cette main souveraine, qui tient du plus haut des Cieux les rênes de tous les Empires ; & dédaignant les Trônes qui peuvent être usurpez, elle attacha son affection au Roiaume, où l'on ne craint point d'avoir des égaux, & où l'on voit sans jalousie ses concurrens. Touchée de ces sentimens, elle aima cette humble Maison plus que ses Palais. Elle ne se servit plus de son pouvoir, que pour proteger la Foi Catholique ; pour multiplier ses aumônes ; & pour soulager plus abondamment les familles refugiées de ses trois Roiaumes, & tous ceux qui avoient été ruïnez pour la cause de la Religion, ou pour le service du Roi. Rappellez en vôtre memoire, avec quelle circonspection elle ménageoit le prochain, & combien elle avoit d'aversion pour les discours empoisonnez de la médisance. Elle sçavoit de quel poids est non seulement la moindre parole, mais le silence même des Princes ; & combien la médisance se donne d'empire, quand elle a osé seulement paroître en leur auguste presence. Ceux qui la voioient attentive à peser toutes ses paroles, jugeoient bien qu'elle étoit sans cesse sous la veuë de Dieu ; & que fidele imitatrice de l'Institut de Sainte Marie, jamais elle ne perdoit la sainte presence de la Majesté divine. Aussi rappelloit-elle souvent ce précieux souvenir par l'Oraison, & par la lecture du livre de l'Imitation de Jesus, où elle apprenoit à se conformer au veritable modéle des Chrétiens. Elle veilloit sans relâche sur sa conscience. Aprés tant de maux, & tant de traverses, elle ne connut plus d'autres ennemis que ses pechez. Aucun ne lui sembla leger : elle en faisoit un rigoureux examen ; & soigneuse de les expier par la pénitence & par les aumônes, elle étoit si bien préparée, que la mort n'a pû la surprendre, encore qu'elle soit venuë sous l'apparence du sommeil. Elle est morte, cette grande Reine ; & par sa mort elle a laissé un regret éternel, non seulement à Monsievr & à Madame, qui fideles à tous leurs devoirs, ont eû pour elle des respects si soûmis, si sincéres, si perseverans, mais encore à tous ceux qui ont eû l'honneur de la servir, ou de la connoître. Ne plaignons plus ses disgraces, qui font maintenant sa félicité. Si elle avoit été plus fortunée, son histoire seroit plus pompeuse, mais ses œuvres seroient moins pleines ; & avec des titres superbes, elle auroit peut-être parû vuide devant Dieu. Maintenant qu'elle a préferé la Croix au Trône, & qu'elle a mis ses malheurs au nombre des plus grandes graces, elle recevra les confolations qui font promifes à ceux qui pleurent. Puiffe donc ce Dieu de mifericorde accepter fes afflictions en facrifice agréable : puiffe-t-il la placer au fein d'Abraham ; & content de fes maux, épargner déformais à fa famille & au monde de fi terribles leçons.

ORAISON FVNEBRE

DE

HENRIETTE ANNE

D'ANGLETERRE

DUCHESSE D'ORLEANS

PRONONCÉE A SAINT DENIS

le 21. jour d'Aouſt 1670.

Par Messire Jacques Benigne BOSSUET,
Conſeiller du Roi en ſes Conſeils,
Evêque de Condom,
Précepteur de Monſeigneur LE DAUPHIN.

A PARIS

Chez Sebastien MABRE-CRAMOISY

IMPRIMEUR DU ROY, RUE S. JACQUES

Aux Cicognes

M. DC. LXX.

Avec Privilege de Sa Maieſté

ORAISON FVNEBRE
DE HENRIETTE ANNE
D'ANGLETERRE,
DUCHESSE D'ORLEANS.

*Vanitas vanitatum, dixit Ecclefiaftes :
vanitas vanitatum, & omnia vanitas. Ecc. I.*

Vanité des vanitez, a dit l'Ecclefiafte :
vanité des vanitez, & tout eft vanité.

MONSEIGNEVR, (M. LE PRINCE)

'ETOIS donc encore deftiné à rendre ce devoir funébre à tres-Haute & tres-Puiffante Princeffe HENRIETTE ANNE D'ANGLETERRE, DUCHESSE D'ORLEANS. Elle, que j'avois vûë fi attentive, pendant que je rendois le mème devoir à la Reine fa Mere, devoit être fi-tôt aprés le fujet d'un difcours femblable ; & ma trifte voix étoit refervée à ce déplorable miniftere. O vanité! ô neant! ô mortels ignorans de leurs deftinées! L'eût-elle crû, il y a dix mois? Et vous, Messieurs, euſſiez-vous penſé, pendant qu'elle verſoit tant de larmes en ce lieu, qu'elle deût ſi-tôt vous y raſſembler, pour la pleurer elle-même? Princesse, le digne objet de l'admiration de deux grands Roiaumes, n'étoit-ce pas aſſez que l'Angleterre pleurât vôtre abſence, ſans être encore réduite à pleurer vôtre mort? Et la France, qui vous revit avec tant de joie, environnée d'un nouvel éclat, n'avoit-elle plus d'autres pompes & d'autres triomphes pour vous, au retour de ce voiage fameux, d'où vous aviez remporté tant de gloire, & de ſi belles eſperances? *Vanité des vanitez, & tout eſt vanité.* C'eſt la ſeule parole qui me reſte; c'eſt la ſeule reflexion que me permet, dans un accident ſi étrange, une ſi juſte & ſi ſenſible douleur. Auſſi n'ai-je point parcouru les Livres ſacrez, pour y trouver quelque texte que je pûſſe appliquer à cette Princeſſe. J'ai pris ſans étude & ſans choix les premieres paroles que me préſente l'Eccleſiaſte, où quoi que la vanité ait été ſi ſouvent nommée, elle ne l'eſt pas encore aſſez à mon gré pour le deſſein que je me propoſe. Je veux dans un ſeul malheur déplorer toutes les calamitez du genre humain, & dans une ſeule mort faire voir la mort & le néant de toutes les grandeurs humaines. Ce texte qui convient à tous les états & à tous les évenemens de nôtre vie, par une raiſon particuliere devient propre à mon lamentable ſujet; puiſque jamais les vanitez de la terre n'ont été ſi clairement découvertes, ni ſi hautement confonduës. Non, aprés ce que nous venons de voir, la ſanté n'eſt qu'un nom, la vie n'eſt qu'un ſonge, la gloire n'eſt qu'une apparence, les graces & les plaiſirs ne ſont qu'un dangereux amuſement: tout eſt vain en nous, excepté le ſincere aveu que nous faiſons devant Dieu de nos vanitez, & le jugement arrêté qui nous fait mépriſer tout ce que nous ſommes.

Mais, dis-je la verité ? L'homme que Dieu a fait à son image, n'eſt-il qu'une ombre ? Ce que JESUS-CHRIST eſt venu chercher du Ciel en la Terre, ce qu'il a crû pouvoir, ſans ſe ravilir, acheter de tout ſon ſang, n'eſt-ce qu'un rien ? Reconnoiſſons nôtre erreur. Sans doute ce triſte ſpectacle des vanitez humaines nous impoſoit ; & l'eſpérance publique, fruſtrée tout à coup par la mort de cette Princeſſe, nous pouſſoit trop loin. Il ne faut pas permettre à l'homme de ſe mépriſer tout entier, de peur que croiant avec les impies, que nôtre vie n'eſt qu'un jeu où regne le hazard, il ne marche ſans regle & ſans conduite au gré de ſes aveugles deſirs. C'eſt pour cela que l'Eccleſiaſte, aprés avoir commencé ſon divin ouvrage par les paroles que j'ai recitées, aprés en avoir rempli toutes les pages du mépris des choſes humaines, veut enfin montrer à l'homme quelque choſe de plus ſolide, & conclut tout ſon diſcours, en lui diſant : *Crains Dieu, & garde ſes Commandemens ; car c'eſt là tout l'homme : & ſçache que le Seigneur examinera dans ſon Jugement tout ce que nous aurons fait de bien & de mal.* Ainſi tout eſt vain en l'homme, ſi nous regardons ce qu'il donne au monde ; mais au contraire, tout eſt important, ſi nous conſidérons ce qu'il doit à Dieu. Encore une fois, tout eſt vain en l'homme, ſi nous regardons le cours de ſa vie mortelle ; mais tout eſt précieux, tout eſt important, ſi nous contemplons le terme où elle aboutit, & le compte qu'il en faut rendre. Méditons donc aujourd'hui à la veuë de cét Autel & de ce Tombeau, la première & la dernière parole de l'Ecléſiaſte ; l'une qui montre le néant de l'homme ; l'autre qui établit ſa grandeur. Que ce Tombeau nous convainque de nôtre néant, pourveû que cét Autel, où l'on offre tous les jours pour nous une victime d'un ſi grand prix, nous apprenne en même temps nôtre dignité. La Princesse que nous pleurons, sera un témoin fidele de l'un & de l'autre. Voyons ce qu'une mort soudaine lui a ravi ; voyons ce qu'une sainte mort lui a donné. Ainsi nous apprendrons à méprifer ce qu'elle a quitté fans peine, afin d'attacher toute nôtre eftime à ce qu'elle a embraffé avec tant d'ardeur, lors que fon ame épurée de tous les fentimens de la terre, & pleine du Ciel où elle touchoit, a vû la lumiére toute manifefte. Voilà les veritez que j'ai à traiter, & que j'ai crû dignes d'être propofées à un fi grand Prince, & à la plus illuftre Affemblée de l'Univers.

Nous mourons tous, difoit cette femme, dont l'Ecriture a loüé la prudence au fecond Livre des Rois ; *& nous allons fans ceffe au tombeau, ainfi que des eaux qui fe perdent fans retour*. En effet, nous reffemblons tous à des eaux courantes. De quelque fuperbe diftinction que fe flattent les hommes, ils ont tous une même origine ; & cette origine eft petite. Leurs années fe pouffent fucceffivement, comme des flots : ils ne ceffent de s'écouler ; tant qu'enfin, aprés avoir fait un peu plus de bruit, & traverfé un peu plus de païs les uns que les autres, ils vont tous enfemble fe confondre dans un abîme, où l'on ne reconnoît plus ni Princes, ni Rois, ni toutes ces autres qualitez fuperbes qui diftinguent les hommes ; de même que ces fleuves tant vantez demeurent fans nom & fans gloire, mêlez dans l'Ocean avec les riviéres les plus inconnuës.

Et certainement, Messieurs, fi quelque chofe pouvoit élever les hommes au deffus de leur infirmité naturelle ; fi l'origine, qui nous eft commune, fouffroit quelque diftinction folide & durable entre ceux que Dieu a formez de la même terre : qui auroit-il dans l'Univers de plus diftingué que la Princeffe dont je parle ? Tout ce que peuvent faire non feulement la

naiffance & la fortune, mais encore les grandes qualitez de l'efprit pour l'élevation d'une Princeffe, fe
trouve raffemblé, & puis anéanti dans la nôtre. De
quelque côté que je fuive les traces de fa glorieufe origine, je ne découvre que des Rois, & par tout je fuis
ébloüi de l'éclat des plus Auguftes Couronnes. Je vois
la Maifon de France, la plus grande, fans comparaifon,
de tout l'Univers ; & à qui les plus puiffantes Maifons
peuvent bien ceder fans envie, puis qu'elles tâchent de
tirer leur gloire de cette fource. Je vois les Rois d'E-
coffe, les Rois d'Angleterre, qui ont regné depuis tant
de fiécles fur une des plus belliqueufes Nations de
l'Univers, plus encore par leur courage, que par l'autorité de leur Sceptre. Mais cette Princeffe née fur le
Trône, avoit l'efprit & le cœur plus hauts que fa naiffance. Les malheurs de fa maifon n'ont pû l'accabler
dans fa premiére jeuneffe ; & deflors on voioit en
elle une grandeur qui ne devoit rien à la fortune. Nous
difions avec joie, que le Ciel l'avoit arrachée, comme
par miracle, des mains des ennemis du Roi fon pere,
pour la donner à la France : don précieux, ineftimable
prefent, fi feulement la poffeffion en avoit été plus
durable! Mais pourquoi ce fouvenir vient-il m'interrompre? Helas, nous ne pouvons un moment arrêter
les yeux fur la gloire de la Princeffe, fans que la mort
s'y mêle auffi-tôt pour tout offufquer de fon ombre! O
mort, éloigne toi de nôtre penfée ; & laiffe nous tromper pour un peu de temps la violence de nôtre douleur, par le fouvenir de nôtre joie. Souvenez vous
donc, MESSIEURS, de l'admiration que la Princeffe
d'Angleterre donnoit à toute la Cour. Vôtre memoire
vous la peindra mieux avec tous fes traits & fon incomparable douceur, que ne pourront jamais faire toutes
mes paroles. Elle croiffoit au milieu des benédictions

de tous les peuples; & les années ne ceſſoient de lui apporter de nouvelles graces. Auſſi la Reine ſa Mere, dont elle a toûjours été la conſolation, ne l'aimoit pas plus tendrement que faiſoit ANNE d'Eſpagne. ANNE, vous le ſçavez, MESSIEURS, ne trouvoit rien au deſſus de cette Princeſſe. Aprés nous avoir donné une Reine, ſeule capable par ſa pieté, & par ſes autres vertus Roiales, de ſoutenir la réputation d'une Tante ſi illuſtre; elle voulut, pour mettre dans ſa famille ce que l'Univers avoit de plus grand, que PHILIPPE DE FRANCE ſon ſecond fils épouſât la PRINCESSE HENRIETTE : & quoi que le Roi d'Angleterre, dont le cœur égale la ſageſſe, ſçeût que la Princeſſe ſa ſœur, recherchée de tant de Rois, pouvoit honorer un Trône, il lui vit remplir avec joie la ſeconde place de France, que la dignité d'un ſi grand Roiaume peut mettre en comparaiſon avec les premiéres du reſte du monde.

Que ſi ſon rang la diſtinguoit, j'ai eû raiſon de vous dire qu'elle étoit encore plus diſtinguée par ſon merite. Je pourrois vous faire remarquer qu'elle connoiſſoit ſi bien la beauté des Ouvrages de l'eſprit, que l'on croioit avoir atteint la perfection, quand on avoit ſçeu plaire à MADAME. Je pourrois encore ajoûter, que les plus ſages & les plus experimentez admiroient cét eſprit vif & perçant, qui embraſſoit ſans peine les plus grandes affaires, & penetroit avec tant de facilité dans les plus ſecrets intérèts. Mais pourquoi m'étendre ſur une matiére où je puis tout dire en un mot? Le Roi, dont le jugement eſt une regle toûjours ſûre, a eſtimé la capacité de cette Princeſſe, & l'a miſe par ſon eſtime au deſſus de tous nos éloges.

Cependant, ni cette eſtime, ni tous ces grands avantages, n'ont pû donner atteinte à ſa modeſtie. Toute éclairée qu'elle étoit, elle n'a point préſumé de ſes con-

noiſſances ; & jamais ſes lumiéres ne l'ont éblouïe.
Rendez témoignage à ce que je dis, vous que cette
grande Princeſſe a honorez de ſa confiance. Quel eſprit avez vous trouvé plus élevé ? Mais quel eſprit
avez vous trouvé plus docile ? Pluſieurs dans la crainte
d'être trop faciles, ſe rendent infléxibles à la raiſon, &
s'affermiſſent contre elle. MADAME s'éloignoit toûjours
autant de la préſomption que de la foibleſſe ; également
eſtimable, & de ce qu'elle ſçavoit trouver les ſages
conſeils, & de ce qu'elle étoit capable de les recevoir.
On les ſçait bien connoître, quand on fait ſerieuſement
l'étude, qui plaiſoit tant à cette Princeſſe. Nouveau genre
d'étude, & preſque inconnu aux perſonnes de ſon âge
& de ſon rang ; ajoûtons, ſi vous voulez, de ſon ſexe.
Elle étudioit ſes defauts ; elle aimoit qu'on lui en fît des
leçons ſinceres : marque aſſûrée d'une ame forte, que
ſes fautes ne dominent pas, & qui ne craint point d'en-
viſager de prés ſes defauts, par une ſecrette confiance
des reſſources qu'elle ſent pour les ſurmonter. C'étoit
le deſſein d'avancer dans cette étude de la ſageſſe, qui
la tenoit ſi attachée à la lecture de l'Hiſtoire, qu'on
appelle avec raiſon la ſage Conſeillere des Princes.
C'eſt là que les plus grands Rois n'ont plus de rang que
par leurs vertus, & que dégradez à jamais par les
mains de la mort, ils viennent ſubir ſans cour & ſans
ſuite le jugement de tous les peuples & de tous les
ſiécles. C'eſt là qu'on découvre que le luſtre qui vient
de la flaterie eſt ſuperficiel ; & que les fauſſes couleurs,
quelque induſtrieuſement qu'on les applique, ne tiennent pas. Là nôtre admirable Princeſſe étudioit les devoirs de ceux dont la vie compoſe l'Hiſtoire : elle y
perdoit inſenſiblement le goût des Romans, & de leurs
fades Héros ; & ſoigneuſe de ſe former ſur le vrai, elle
mépriſoit ces froides & dangereuſes fictions. Ainſi ſous

un vifage riant, fous cét air de jeuneffe qui fembloit ne promettre que des jeux, elle cachoit un fens & un férieux, dont ceux qui traitoient avec elle étoient furpris.

Auffi pouvoit-on fans crainte lui confier les plus grands fecrets. Loin du commerce des affaires, & de la fociété des hommes, ces ames fans force, auffi bien que fans foi, qui ne favent pas retenir leur langue indifcrette. *Ils reffemblent*, dit le Sage, *à une ville fans murailles, qui eft ouverte de toutes parts*, & qui devient la proie du premier venu. Que MADAME étoit au deffus de cette foibleffe ! Ni la furprife, ni l'interêt, ni la vanité, ni l'appas d'une flaterie délicate, ou d'une douce converfation, qui fouvent épanchant le cœur, en fait échaper le fecret, n'étoit capable de lui faire découvrir le fien ; & la fûreté qu'on trouvoit en cette Princeffe, que fon efprit rendoit fi propre aux grandes affaires, lui faifoit confier les plus importantes.

Ne penfez pas que je veüille, en interprete témeraire des fécrets d'Etat difcourir fur le voiage d'Angleterre ; ni que j'imite ces politiques fpeculatifs, qui arrangent, fuivant leurs idées, les Confeils des Rois, & compofent, fans inftruction, les Annales de leur fiécle. Je ne parlerai de ce voiage glorieux, que pour dire que MADAME y fut admirée plus que jamais. On ne parloit qu'avec tranfport de la bonté de cette Princeffe, qui malgré les divifions trop ordinaires dans les Cours lui gagna d'abord tous les Efprits. On ne pouvoit affez loüer fon incroiable dextérité à traiter les affaires les plus délicates, à guerir ces défiances cachées qui fouvent les tiennent en fufpens, & à terminer tous les differends d'une maniere qui concilioit les interêts les plus oppofez. Mais qui pourroit penfer, fans verfer des larmes, aux marques d'eftime & de tendreffe, que lui donna le

Roi son frere ? Ce grand Roi, plus capable encore d'être touché par le merite, que par le sang, ne se lassoit point d'admirer les excellentes qualitez de Madame. O plaie irrémédiable ! Ce qui fut en ce voiage le sujet d'une si juste admiration, est devenu pour ce Prince le sujet d'une douleur qui n'a point de bornes. Princesse, le digne lien des deux plus grands Rois du monde, pourquoi leur avez vous été si-tôt ravie ? Ces deux grands Rois se connoissent ; c'est l'effet des soins de Madame : ainsi leurs nobles inclinations concilieront leurs esprits, & la vertu sera entre eux une immortelle mediatrice. Mais si leur union ne perd rien de sa fermeté, nous déplorerons éternellement qu'elle ait perdu son agrément le plus doux ; & qu'une Princesse si chérie de tout l'Univers ait été précipitée dans le tombeau, pendant que la confiance de deux si grands Rois l'élevoit au comble de la grandeur & de la gloire.

La Grandeur & la Gloire ? Pouvons-nous encore entendre ces noms dans ce triomphe de la mort ? Non, Messieurs, je ne puis plus soûtenir ces grandes paroles, par lesquelles l'arrogance humaine tâche de s'étourdir elle-même, pour ne pas appercevoir son néant. Il est temps de faire voir que tout ce qui est mortel, quoi qu'on ajoûte par le dehors pour le faire paroître grand, est par son fonds incapable d'élevation. Ecoutez à ce propos le profond raisonnement, non d'un Philosophe qui dispute dans une Ecole, ou d'un Religieux qui médite dans un Cloître : je veux confondre le monde par ceux que le monde même révere le plus, par ceux qui le connoissent le mieux, & ne lui veux donner pour le convaincre que des Docteurs assis sur le Trône. *O Dieu*, dit le Roi Prophete, *vous avez fait mes jours mesurables, & ma substance n'est rien devant vous.* Il est ainsi, Chretiens ; tout ce qui se mesure, finit, & tout ce qui eſt né pour finir, n'eſt pas tout-à-fait ſorti du néant où il eſt ſi-tôt replongé. Si nôtre être, ſi nôtre ſubſtance n'eſt rien, tout ce que nous bâtiſſons deſſus, que peut-il être ? Ni l'édifice n'eſt plus ſolide que le fondement, ni l'accident attaché à l'être plus réel que l'être même. Pendant que la nature nous tient ſi bas, que peut faire la fortune pour nous élever ? Cherchez, imaginez parmi les hommes les différences les plus remarquables ; vous n'en trouverez point de mieux marquée, ni qui vous paroiſſe plus effective, que celle qui releve le victorieux au deſſus des vaincus, qu'il voit étendus à ſes pieds. Cependant, ce vainqueur enflé de ſes titres tombera lui-même à ſon tour entre les mains de la mort. Alors ces malheureux vaincus rappelleront à leur compagnie leur ſuperbe triomphateur ; & du creux de leurs tombeaux ſortira cette voix qui foudroie toutes les grandeurs : *Vous voilà bleſſé comme nous ; vous eſtes devenu ſemblable à nous.* Que la fortune ne tente donc pas de nous tirer du néant, ni de forcer la baſſeſſe de nôtre nature.

Mais peut-être au defaut de la fortune, les qualitez de l'eſprit, les grands deſſeins, les vaſtes penſées pourront nous diſtinguer du reſte des hommes. Gardez-vous bien de le croire, parce que toutes nos penſées qui n'ont pas Dieu pour objet ſont du domaine de la mort. *Ils mourront*, dit le Roi Prophete, *& en ce jour periront toutes leurs penſées.* C'eſt à dire les penſées des conquerans, les penſées des politiques, qui auront imaginé dans leurs cabinets, des deſſeins où le monde entier ſera compris : ils ſe feront munis de tous côtez par des précautions infinies ; enfin ils auront tout préveû, excepté leur mort, qui emportera en un moment toutes leurs penſées. C'eſt pour cela que l'Eccleſiaſte, le Roi Salomon fils du Roi David, (car je suis bien aife de vous faire voir la fucceffion de la même doctrine dans un même trône ;) c'eft, dis-je, pour cela que l'Ecclefiafte faifant le dénombrement des illufions qui travaillent les enfans des hommes, y comprend la Sageffe même. *Je me fuis*, dit-il, *appliqué à la fageffe, & j'ai veû que c'étoit encore une vanité;* parce qu'il y a une fauffe fageffe, qui fe renfermant dans l'enceinte des chofes mortelles, s'enfevelit avec elles dans le néant. Ainfi je n'ai rien fait pour Madame, quand je vous ai reprefenté tant de belles qualitez qui la rendoient admirable au monde, & capable des plus hauts deffeins, où une Princeffe puiffe s'élever. Jufqu'à ce que je commence à vous raconter ce qui l'unit à Dieu, une fi illuftre Princeffe ne paroîtra dans ce difcours, que comme un exemple le plus grand qu'on fe puiffe propofer, & le plus capable de perfuader aux ambitieux, qu'ils n'ont aucun moien de fe diftinguer, ni par leur naiffance, ni par leur grandeur, ni par leur efprit, puifque la mort, qui égale tout, les domine de tous côtez avec tant d'empire, & que d'une main fi prompte & fi fouveraine elle renverfe les têtes les plus refpectées.

Confiderez, Messieurs, ces grandes puiffances que nous regardons de fi bas. Pendant que nous tremblons fous leur main, Dieu les frape pour nous avertir. Leur élevation en eft la caufe, & il les épargne fi peu, qu'il ne craint pas de les facrifier à l'inftruction du refte des hommes. Chre'tiens, ne murmurez pas fi Madame a été choifie pour nous donner une telle inftruction. Il n'y a rien ici de rude pour elle, puifque, comme vous le verrez dans la fuite, Dieu la fauve par le même coup qui nous inftruit. Nous devrions être affez convaincus de nôtre néant : mais s'il faut des coups de furprife à nos cœurs enchantez de l'amour du monde, celui-ci eſt aſſez grand & aſſez terrible. O nuit defaſtreuſe! ô nuit effroiable, où retentit tout à coup comme un éclat de tonnerre, cette étonnante nouvelle, MADAME ſe meurt, MADAME eſt morte. Qui de nous ne ſe ſentit frapé à ce coup, comme ſi quelque tragique accident avoit defolé ſa famille? Au premier bruit d'un mal ſi étrange, on accourut à S. Cloud de toutes parts; on trouve tout conſterné, excepté le cœur de cette Princeſſe. Par tout on entend des cris, par tout on voit la douleur & le defeſpoir, & l'image de la mort. Le Roi, la Reine, Monſieur, toute la Cour, tout le Peuple, tout eſt abatu, tout eſt defeſperé; & il me ſemble que je voi l'accompliſſement de cette parole du Prophete : *Le Roi pleurera, le Prince ſera defolé, & les mains tomberont au Peuple de douleur & d'étonnement.*

Mais & les Princes & les Peuples gemiſſoient en vain. En vain Monſieur, en vain le Roi même tenoit Madame ſerrée par de ſi étroits embraſſemens. Alors ils pouvoient dire l'un & l'autre avec Saint Ambroiſe : *Stringebam brachia, ſed jam amiſeram quam tenebam;* je ſerrois les bras, mais j'avois déja perdu ce que je tenois. La Princeſſe leur échapoit parmi des embraſſemens ſi tendres, & la mort plus puiſſante nous l'enlevoit entre ces Roiales mains. Quoi donc, elle devoit perir ſi-tôt! Dans la pluſpart des hommes, les changemens ſe font peu à peu, & la mort les prépare ordinairement à ſon dernier coup. MADAME cependant a paſſé du matin au ſoir, ainſi que l'herbe des champs. Le matin elle fleuriſſoit; avec quelles graces, vous le ſçavez: le ſoir nous la vîmes ſeichée, & ces fortes expreſſions, par leſquelles l'Ecriture Sainte exagere l'inconſtance des choſes humaines, devoient être pour cette Princeſſe ſi précifes, & ſi literales. Helas! nous compoſions ſon

Hiſtoire de tout ce qu'on peut imaginer de plus glorieux. Le paſſé & le préſent nous garentiſſoient l'avenir, & on pouvoit tout attendre de tant d'excellentes qualitez. Elle alloit s'aquerir deux puiſſans Roiaumes, par des moiens agréables : toûjours douce, toûjours paiſible, autant que genereuſe & bienfaiſante, ſon credit n'y auroit jamais été odieux ; on ne l'eût point veüe s'attirer la gloire avec une ardeur inquiéte & précipitée ; elle l'eût attenduë ſans impatience, comme ſûre de la poſſeder. Cét attachement qu'elle a montré ſi fidele pour le Roi juſques à la mort, lui en donnoit les moiens. Et certes, c'eſt le bonheur de nos jours, que l'eſtime ſe puiſſe joindre avec le devoir ; & qu'on puiſſe autant s'attacher au merite & à la perſonne du Prince, qu'on en révere la puiſſance & la Majeſté. Les inclinations de MADAME ne l'attachoient pas moins fortement à tous ſes autres devoirs. La paſſion qu'elle reſſentoit pour la gloire de MONSIEUR, n'avoit point de bornes. Pendant que ce grand Prince, marchant ſur les pas de ſon invincible frere, ſecondoit avec tant de valeur & de ſuccez, ſes grands & heroïques deſſeins dans la Campagne de Flandre, la joie de cette Princeſſe étoit incroiable, C'eſt ainſi que ſes genereuſes inclinations la menoient à la gloire, par les voies que le monde trouve les plus belles : & ſi quelque choſe manquoit encore à ſon bonheur, elle eût tout gagné par ſa douceur & par ſa conduite. Telle étoit l'agréable Hiſtoire que nous faiſions pour MADAME, & pour achever ces nobles projets, il n'y avoit que la durée de ſa vie, dont nous ne croyions pas devoir être en peine. Car qui eût pû ſeulement penſer que les années euſſent dû manquer à une jeuneſſe qui ſembloit ſi vive ? Toutefois c'eſt par cét endroit que tout ſe diſſipe en un moment. Au lieu de l'Hiſtoire d'une belle vie, nous fommes réduits à faire: l'Hiftoire d'une admirable, mais trifte mort. A la verité, MESSIEURS, rien n'a jamais égalé la fermeté de fon ame, ni ce courage paifible, qui fans faire effort pour s'élever, s'eft trouvé par fa naturelle fituation au deffus des accidens les plus redoutables. Oui, MADAME fut douce envers la mort, comme elle l'étoit envers tout le monde. Son grand cœur, ni ne s'aigrit, ni ne s'emporta contre elle. Elle ne la brave non plus avec fierté; contente de l'envifager fans émotion, & de la recevoir fans trouble. Trifte confolation, puifque malgré ce grand courage nous l'avons perduë! C'eft la grande vanité des chofes humaines. Aprés que par le dernier effet de nôtre courage nous avons pour ainfi dire furmonté la mort, elle éteint en nous jufqu'à ce courage, par lequel nous femblions la défier. La voilà, malgré ce grand cœur, cette Princeffe fi admirée, & fi cherie; la voilà telle que la mort nous l'a faite : encore ce refte tel quel va-t-il difparoître : cette ombre de gloire va s'évanouir; & nous l'allons voir dépouïllée même de cette trifte décoration. Elle va defcendre à ces fombres lieux, à ces demeures foûterraines, pour y dormir dans la pouffiére avec les grands de la terre, comme parle Job; avec ces Rois & ces Princes anéantis, parmi lefquels à peine peut-on la placer, tant les rangs y font preffez, tant la mort eft prompte à remplir ces places. Mais ici noftre imagination nous abufe encore. La mort ne nous laiffe pas affez de corps pour occuper quelque place, & on ne voit là que les tombeaux qui faffent quelque figure. Nôtre chair change bien-tôt de nature : nôtre corps prend un autre nom; même celui de cadavre, dit Tertullien, parce qu'il nous montre encore quelque forme humaine, ne lui demeure pas long-temps : il devient un je ne fçai quoi, qui n'a plus de nom dans aucune langue ; tant il eſt vrai que tout meurt en lui, juſqu'à ces termes funébres par leſquels on exprimoit ſes malheureux reſtes.

C'eſt ainſi que la puiſſance divine, juſtement irritée contre nôtre orgueil, le pouſſe juſqu'au néant ; & que pour égaler à jamais les conditions, elle ne fait de nous tous qu'une même cendre. Peut-on bâtir ſur ces ruines ? Peut-on appuier quelque grand deſſein ſur ce débris inévitable des choſes humaines ? Mais quoi, Messieurs, tout eſt-il donc deſeſperé pour nous ? Dieu qui foudroie toutes nos grandeurs, juſqu'à les reduire en poudre, ne nous laiſſe-t-il aucune eſpérance ? Lui, aux yeux de qui rien ne ſe perd, & qui ſuit toutes les parcelles de nos corps, en quelque endroit écarté du monde que la corruption, ou le hazard les jette, verra-t-il perir ſans reſſource ce qu'il a fait capable de le connoître & de l'aimer ? Ici un nouvel ordre de choſes ſe preſente à moi : les ombres de la mort ſe diſſipent : *les voies me ſont ouvertes à la veritable vie* : Madame n'eſt plus dans le tombeau : la mort qui ſembloit tout détruire, a tout établi : voici le ſecret de l'Eccleſiaſte, que je vous avois marqué dés le commencement de ce diſcours, & dont il faut maintenant découvrir le fonds.

Il faut donc penſer, Chre'tiens, qu'outre le rapport que nous avons du côté du corps avec la nature changeante & mortelle, nous avons d'un autre côté un rapport intime, & une ſecrette affinité avec Dieu, parce que Dieu-même a mis quelque choſe en nous, qui peut confeſſer la verité de ſon être, en adorer la perfection, en admirer la plenitude ; quelque choſe qui peut ſe ſoumettre à ſa ſouveraine puiſſance, s'abandonner à ſa haute & incomprehenſible ſageſſe, ſe confier en ſa bonté, craindre ſa juſtice, eſperer ſon éternité. De ce côté, Messieurs, ſi l'homme croit avoir en lui de l'élevation, il ne fe trompera pas. Car comme il eft néceſſaire que chaque chofe foit réünie à fon principe, & que c'eft pour cette raifon, dit l'Eccleſiaſte, *que le corps retourne à la terre, dont il a été tiré;* il faut par la fuite du même raifonnement, que ce qui porte en nous la marque divine, ce qui eft capable de s'unir à Dieu, y foit auſſi rappellé. Or ce qui doit retourner à Dieu qui eft la grandeur primitive & eſſentielle, n'eft-il pas grand & élevé ? C'eft pourquoi quand je vous ai dit, que la grandeur & la gloire n'étoient parmi nous que des noms pompeux, vuides de fens & de chofes, je regardois le mauvais ufage que nous faifons de ces termes. Mais pour dire la verité dans toute fon étenduë, ce n'eft ni l'erreur, ni la vanité qui ont inventé ces noms magnifiques ; au contraire, nous ne les aurions jamais trouvez, fi nous n'en avions porté le fonds en nous-mêmes. Car où prendre ces nobles idées dans le néant ? La faute que nous faifons, n'eft donc pas de nous être fervis de ces noms ; c'eft de les avoir appliquez à des objets trop indignes. Saint Chrifoftome a bien compris cette verité, quand il a dit : *Gloire, richeſſes, nobleſſe, puiſſance, pour les hommes du monde ne font que des noms ; pour nous, fi nous fervons Dieu, ce feront des chofes : au contraire la pauvreté, la honte, la mort, font des chofes trop effectives & trop réelles pour eux ; pour nous, ce font feulement des noms ;* parce que celui qui s'attache à Dieu ne perd ni fes biens, ni fon honneur, ni fa vie. Ne vous étonnez donc pas fi l'Eccleſiaſte dit fi fouvent : *Tout eft vanité.* Il s'explique, *tout eft vanité fous le Soleil ;* c'eft à dire, tout ce qui eft mefuré par les années, tout ce qui eft emporté par la rapidité du temps : fortez du temps & du changement; afpirez à l'éternité ; la vanité ne vous tiendra plus aſſervis. Ne vous étonnez pas fi le même

Ecclefiafte méprife tout en nous, jufqu'à la fageffe, & ne trouve rien de meilleur, que de goûter en repos le fruit de fon travail. La fageffe dont il parle en ce lieu, eft cette fageffe infenfée, ingenieufe à fe tourmenter, habile à fe tromper elle-même, qui fe corrompt dans le préfent, qui s'égare dans l'avenir, qui par beaucoup de raifonnemens & de grands efforts ne fait que fe confumer inutilement en amaffant des chofes que le vent emporte. *Hé!* s'écrie ce fage Roi, *y a-t-il rien de fi vain?* Et n'a-t-il pas raifon de préferer la fimplicité d'une vie particuliere, qui goûte doucement & innocemment ce peu de biens que la nature nous donne, aux foucis & aux chagrins des avares, aux fonges inquiets des ambitieux? Mais *cela même*, dit-il, ce repos, cette douceur de la vie, *eft encore une vanité*, parce que la mort trouble, & emporte tout. Laiffons lui donc méprifer tous les états de cette vie, puifqu'enfin de quelque côté qu'on s'y tourne, on voit toûjoûrs la mort en face, qui couvre de tenebres tous nos plus beaux jours. Laiffons lui égaler le fol & le fage; & même, je ne craindrai pas de le dire hautement en cette Chaire, laiffons lui confondre l'homme avec la bête: *Unus interitus eft hominis, & jumentorum.* En effet, jufqu'à ce que nous aions trouvé la veritable Sageffe; tant que nous regarderons l'homme par les yeux du corps, fans y démêler par l'intelligence, ce fecret principe de toutes nos actions, qui étant capable de s'unir à Dieu, doit neceffairement y retourner: que verrons nous autre chofe dans nôtre vie, que de folles inquiétudes? Et que verrons nous dans nôtre mort, qu'une vapeur qui s'exhale, que des efprits qui s'épuifent, que des refforts qui fe démontent & fe déconcertent, enfin qu'une machine qui fe diffout, & qui fe met en piéces: Ennuïez de ces vanitez, cherchons ce qu'il y a de grand, & de folide en nous. Le Sage nous l'a montré dans les derniéres paroles de l'Ecclefiafte ; & bien-tôt MADAME nous le fera paroître dans les derniéres actions de fa vie. *Crains Dieu, & obferve fes Commandemens, car c'eft là tout homme :* comme s'il difoit, ce n'eft pas l'homme que j'ai méprifé, ne le croiez pas ; ce font les opinions, ce font les erreurs par lefquelles l'homme abufé fe deshonore lui-même. Voulez-vous fçavoir en un mot ce que c'eft que l'homme ? Tout fon devoir, tout fon objet, toute fa nature, c'eft de craindre Dieu : tout le refte eft vain, je le déclare ; mais auffi tout le refte n'eft pas l'homme. Voici ce qui eft réel & folide, & ce que la mort ne peut enlever : car, ajoûte l'Ecclefiafte, *Dieu examinera dans fon Jugement tout ce que nous aurons fait de bien & de mal.* Il eft donc maintenant aifé de concilier toutes chofes. Le Pfalmifte dit, *qu'à la mort periront toutes nos penfées ;* ouï, celles que nous aurons laiffé emporter au monde, dont la figure paffe & s'évanouït. Car encore que nôtre efprit foit de nature à vivre toûjours, il abandonne à la mort tout ce qu'il confacre aux chofes mortelles ; de forte que nos penfées qui devoient être incorruptibles du côté de leur principe, deviennent periffables du côté de leur objet. Voulez-vous fauver quelque chofe de ce débris fi univerfel, fi inévitable ? Donnez à Dieu vos affections ; nulle force ne vous ravira ce que vous aurez dépofé en ces mains divines. Vous pourrez hardiment méprifer la mort, à l'exemple de nôtre héroïne Chrétienne. Mais afin de tirer d'un fi bel exemple toute l'inftruction qu'il nous peut donner, entrons dans une profonde confidération des conduites de Dieu fur elle, & adorons en cette Princeffe le miftére de la Prédeftination & de la Grace.

Vous fçavez que toute la vie Chrétienne, que tout

l'ouvrage de nôtre falut, eft une fuite continuelle de miſericordes : mais le fidele Interprete du miſtere de la Grace, je veux dire le grand Auguſtin, m'apprend cette veritable & folide Theologie, que c'eſt dans la premiere Grace, & dans la derniére, que la Grace fe montre Grace ; c'eſt à dire, que c'eſt dans la vocation qui nous prévient, & dans la perféverance finale qui nous couronne, que la bonté qui nous fauve, paroît toute gratuite & toute pure. En effet, comme nous changeons deux fois d'état, en paſſant, premiérement des tenebres à la lumiére, & enfuite de la lumiére imparfaite de la Foi, à la lumiére confommée de la gloire ; comme c'eſt la vocation qui nous infpire la Foi, & que c'eſt la perfeverance qui nous tranfmet à la gloire : il a plû à la divine bonté de fe marquer elle-même au commencement de ces deux états, par une impreſſion illuſtre & particuliére, afin que nous confeſſions que toute la vie du Chrétien, & dans le temps qu'il efpere, & dans le temps qu'il jouït, eſt un miracle de Grace. Que ces deux principaux momens de la Grace ont été bien marquez par les merveilles que Dieu a faites pour le falut éternel de HENRIETTE D'ANGLETERRE ! Pour la donner à l'Eglife, il a fallu renverfer tout un grand Roiaume. La grandeur de la Maifon d'où elle eſt fortie, n'étoit pour elle qu'un engagement plus étroit dans le fchifme de fes Ancêtres ; difons des derniers de fes Ancêtres, puifque tout ce qui les précede, à remonter jufqu'aux premiers temps, eſt fi pieux & fi Catholique. Mais fi les lois de l'Etat s'oppofent à fon falut éternel, Dieu ébranlera tout l'Etat pour l'affranchir de ces loix. Il met les ames à ce prix ; il remuë le ciel & la terre pour enfanter fes éleûs ; & comme rien ne lui eſt cher que ces enfans de fa dilection éternelle, que ces membres inféparables de fon Fils bien-aimé, rien ne lui coûte, pourveû qu'il les fauve. Nôtre Princeffe eft perfécutée avant que de naître, delaiffée auffitôt que mife au monde, arrachée en naiffant à la piété d'une Mere Catholique, captive dés le berceau des ennemis implacables de fa Maifon, & ce qui étoit plus déplorable, captive des ennemis de l'Eglife; par confequent deftinée premiérement par fa glorieufe naiffance, & enfuite par fa malheureufe captivité, à l'erreur & à l'heréfie. Mais le fceau de Dieu étoit fur elle. Elle pouvoit dire avec le Prophète : *Mon pere & ma mere m'ont abandonnée ; mais le Seigneur m'a receuë en fa protection.* Délaiffée de toute la terre dés ma naiffance, *je fus comme jettée entre les bras de fa providence paternelle ; & dés le ventre de ma mere, il fe déclara mon Dieu.* Ce fut à cette garde fidele que la Reine fa mere commit ce précieux dépoft. Elle ne fut point trompée dans fa confiance. Deux ans aprés, un coup imprévcu, & qui tenoit du miracle, delivra la Princeffe des mains des rebelles. Malgré les tempeftes de l'Océan, & les agitations encore plus violentes de la Terre, Dieu la prenant fur fes ailes, comme l'aigle prend fes petits, la porta lui-même dans ce Roiaume ; lui-même la pofa dans le fein de la Reine fa mere, ou plûtôt dans le fein de l'Eglife Catholique. Là elle apprit les maximes de la piété veritable, moins par les inftructions qu'elle y recevoit, que par les exemples vivans de cette grande & religieufe Reine. Elle a imité fes pieufes liberalitez. Ses aumônes toûjours abondantes fe font répanduës principalement fur les Catholiques d'Angleterre, dont elle a été la fidele protectrice. Digne fille de Saint Edoüard & de Saint Louïs, elle s'attacha du fond de fon cœur à la Foi de ces deux grands Rois. Qui pourroit affez exprimer le zele dont elle brûloit pour le rétabliffement de cette Foi dans le Roiaume d'Angleterre, où l'on en conferve encore tant de précieux monumens? Nous fçavons qu'elle n'euft pas craint d'expofer fa vie pour un fi pieux deffein : Et le Ciel nous l'a ravie! O Dieu! que prépare ici vôtre éternelle Providence? Me permettrez vous, ô Seigneur, d'envifager en tremblant vos faints & redoutables confeils? Eft-ce que les temps de confufion ne font pas encore accomplis? Eft-ce que le crime qui fit ceder vos veritez faintes à des paffions malheureufes, eft encore devant vos yeux, & que vous ne l'avez pas affez puni par un aveuglement de plus d'un fiécle? Nous raviffez-vous HENRIETTE, par un effet du même jugement qui abrégea les jours de la Reine Marie, & fon regne fi favorable à l'Eglife? Ou bien voulez vous triompher feul? Et en nous ôtant les moiens dont nos defirs fe flattoient, refervez vous dans les temps marquez par vôtre Prédeftination éternelle, de fecrets retours à l'Etat & à la Maifon d'Angleterre? Quoi qu'il en foit, ô grand Dieu, recevez-en aujourd'hui les bienheureufes prémices en la perfonne de cette Princeffe. Puiffe toute fa Maifon & tout le Roiaume fuivre l'exemple de fa Foi. Ce grand Roi, qui remplit de tant de vertus le Trône de fes Ancêtres, & fait loüer tous les jours la divine main qui l'y a rétabli comme par miracle, n'improuvera pas nôtre zele, fi nous fouhaitons devant Dieu que lui & tous fes peuples foient comme nous. *Opto apud Deum, non tantùm te, fed etiam omnes fieri tales, qualis & ego fum.* Ce fouhait eft fait pour les Rois, & Saint Paul étant dans les fers le fit la premiére fois en faveur du Roi Agrippa; mais Saint Paul en exceptoit fes liens, *exceptis vinculis his :* & nous, nous fouhaitons principalement, que l'Angleterre trop libre dans fa croiance, trop licentieufe dans fes fentimens, foit enchaînée comme nous de ces bienheureux liens, qui empêchent l'orgueil humain de s'égarer dans ſes penſées, en le captivant ſous l'autorité du Saint Eſprit & de l'Egliſe.

Aprés vous avoir expoſé le premier effet de la Grace de Jesus-Christ en nôtre Princeſſe, il me reſte, Messieurs, de vous faire conſiderer le dernier, qui couronnera tous les autres. C'eſt par cette derniére grace que la mort change de nature pour les Chrétiens, puiſqu'au lieu qu'elle ſembloit eſtre faite pour nous dépouïller de tout, elle commence, comme dit l'Apôtre, à nous revêtir, & nous aſſûre éternellement la poſſeſſion des biens veritables. Tant que nous ſommes detenus dans cette demeure mortelle, nous vivons aſſujetis aux changemens, parce que, ſi vous me permettez de parler ainſi, c'eſt la Loi du païs que nous habitons; & nous ne poſſedons aucun bien, même dans l'ordre de la Grace, que nous ne puiſſions perdre un moment aprés par la mutabilité naturelle de nos deſirs. Mais auſſi-tôt qu'on ceſſe pour nous de compter les heures, & de meſurer nôtre vie par les jours & par les années, ſortis des figures qui paſſent, & des ombres qui diſparoiſſent, nous arrivons au regne de la verité, où nous ſommes affranchis de la Loi des changemens. Ainſi nôtre ame n'eſt plus en peril; nos réſolutions ne vacillent plus; la mort, ou plûtôt la Grace de la perſeverance finale, a la force de les fixer : & de même que le Teſtament de Jesus-Christ, par lequel il ſe donne à nous, eſt confirmé à jamais, ſuivant le droit des Teſtamens & la doctrine de l'Apôtre, par la mort de ce divin Teſtateur; ainſi la mort du fidele fait que ce bienheureux Teſtament, par lequel de nôtre côté nous nous donnons au Sauveur, devient irrévocable. Donc, Messieurs, ſi je vous fais voir encore une fois Madame aux priſes avec la mort, n'apprehendez rien pour elle;

quelque cruelle que la mort vous paroisse, elle ne doit servir à cette fois que pour accomplir l'œuvre de la Grace, & sceller en cette Princesse le conseil de son éternelle prédestination. Voyons donc ce dernier combat; mais encore un coup affermissons nous. Ne mêlons point de foiblesse à une si forte action, & ne deshonorons point par nos larmes une si belle victoire. Voulez vous voir combien la Grace qui a fait triompher Madame a été puissante? Voyez combien la mort a été terrible. Premiérement elle a plus de prise sur une Princesse qui a tant à perdre. Que d'années elle va ravir à cette jeunesse! Que de joie elle enleve à cette fortune! Que de gloire elle ôte à ce merite! D'ailleurs, peut-elle venir ou plus prompte ou plus cruelle? C'est ramasser toutes ses forces, c'est unir tout ce qu'elle a de plus redoutable, que de joindre, comme elle fait, aux plus vives douleurs l'attaque la plus imprévuë. Mais quoi que sans menacer, & sans avertir elle se fasse sentir toute entiere dés le premier coup, elle trouve la Princesse prête. La Grace plus active encore l'a déjà mise en défense. Ni la gloire, ni la jeunesse n'auront un soûpir. Un regret immense de ses pechez ne lui permet pas de regretter autre chose. Elle demande le Crucifix sur lequel elle avoit veû expirer la Reine sa belle-mere, comme pour y recueïllir les impressions de constance & de piété, que cette ame vraiment Chrétienne y avoit laissées avec les derniers soûpirs. A la veuë d'un si grand objet, n'attendez pas de cette Princesse des discours étudiez & magnifiques : une sainte simplicité fait ici toute la grandeur. Elle s'écrie : *O mon Dieu, pourquoi n'ai-je pas toûjours mis en vous ma confiance?* Elle s'afflige, elle se rassûre, elle confesse humblement, & avec tous les sentimens d'une profonde douleur, que de ce jour seulement elle commence à connoître Dieu, n'appellant pas le connoître que de regarder encore tant soit peu le monde. Qu'elle nous parut au dessus de ces lâches Chrétiens, qui s'imaginent avancer leur mort, quand ils préparent leur confession ; qui ne reçoivent les Saints Sacremens que par force : dignes certes de recevoir pour leur jugement ce miſtére de piété, qu'ils ne reçoivent qu'avec repugnance. MADAME appelle les Prêtres plûtôt que les Médecins. Elle demande d'elle-même les Sacremens de l'Egliſe ; la penitence avec compunction ; l'Euchariſtie avec crainte, & puis avec confiance ; la ſainte Onction des mourans avec un pieux empreſſement. Bien loin d'en être effraiée, elle veut la recevoir avec connoiſſance : elle écoute l'explication de ces ſaintes ceremonies, de ces priéres Apoſtoliques, qui par une eſpéce de charme divin ſuſpendent les douleurs les plus violentes, qui font oublier la mort (je l'ai veû ſouvent) à qui les écoute avec foi ; elle les ſuit, elle s'y conforme ; on lui voit paiſiblement preſenter ſon corps à cette huile ſacrée, ou plûtôt au Sang de JESUS, qui coule ſi abondamment avec cette précieuſe liqueur. Ne croiez pas que ſes exceſſives & inſupportables douleurs aient tant ſoit peu troublé ſa grande ame. Ah ! je ne veux plus tant admirer les braves, ni les conquerans. MADAME m'a fait connoître la vérité de cette parole du Sage : *Le patient vaut mieux que le brave ; & celui qui domte ſon cœur, vaut mieux que celui qui prend des Villes.* Combien a-t-elle été maîtreſſe du ſien ? Avec quelle tranquillité a-t-elle ſatisfait à tous ſes devoirs ? Rappelez en vôtre penſée ce qu'elle dit à MONSIEUR. Quelle force ! quelle tendreſſe ! O paroles qu'on voioit ſortir de l'abondance d'un cœur qui ſe ſent au deſſus de tout ; paroles que la mort preſente, & Dieu plus preſent encore, ont conſacrées ; ſincere production d'une ame, qui tenant au Ciel, ne doit plus rien à la Terre que la verité, vous vivrez éternellement dans la memoire des hommes, mais fur tout, vous vivrez éternellement dans le cœur de ce grand Prince. MADAME ne peut plus réfifter aux larmes qu'elle lui voit répandre. Invincible par tout autre endroit, ici elle eft contrainte de céder. Elle prie MONSIEUR de fe retirer, parce qu'elle ne veut plus fentir de tendreffe que pour ce Dieu crucifié qui lui tend les bras. Alors qu'avons-nous veû ? Qu'avons-nous oui ? Elle fe conformoit aux ordres de Dieu; elle lui offroit fes fouffrances, en expiation de fes fautes; elle profeffoit hautement la Foi Catholique, & la Refurrection des morts, cette précieufe confolation des fideles mourans. Elle excitoit le zéle de ceux qu'elle avoit appellez pour l'exciter elle-même, & ne vouloit point qu'ils ceffaffent un moment de l'entretenir des veritez Chrétiennes. Elle fouhaita mille fois d'être plongée au Sang de l'Agneau; c'étoit un nouveau langage que la Grace lui apprenoit. Nous ne voyons en elle, ni cette oftentation par laquelle on veut tromper les autres, ni ces émotions d'une ame alarmée, par lefquelles on fe trompe foi-même. Tout étoit fimple, tout étoit précis, tout étoit tranquille; tout partoit d'une ame foumife, & d'une fource fanctifiée par le Saint Efprit.

En cét état, MESSIEURS, qu'avions-nous à demander à Dieu pour cette Princeffe, finon qu'il l'affermît dans le bien, & qu'il confervât en elle les dons de fa Grace ? Ce grand Dieu nous exauçoit; mais fouvent, dit Saint Auguftin, en nous exauçant il trompe heureufement nôtre prévoïance. La Princeffe eft affermie dans le bien d'une maniére plus haute que celle que nous entendions. Comme Dieu ne vouloit plus expofer aux illufions du monde les fentimens d'une piété fi fincére, il a fait ce que dit le Sage : *Il s'eſt hâté* (En effet, quelle diligence ? En neuf heures l'ouvrage eſt accompli) *Il s'eſt hâté de la tirer du milieu des iniquitez.* Voilà, dit le grand Saint Ambroiſe, la merveille de la mort dans les Chrétiens. Elle ne finit pas leur vie ; elle ne finit que leur pechez, & les perils où ils ſont expoſez. Nous nous ſommes plaints que la mort, ennemie des fruits que nous promettoit la Princeſſe, les a ravagez dans la fleur ; qu'elle a effacé, pour ainſi dire, ſous le pinceau même un tableau qui s'avançoit à la perfection avec une incroiable diligence, dont les premiers traits, dont le ſeul deſſein montroit déjà tant de grandeur. Changeons maintenant de langage ; ne diſons plus que la mort a tout d'un coup arrêté le cours de la plus belle vie du monde, & de l'Hiſtoire qui ſe commençoit le plus noblement. Diſons qu'elle a mis fin aux plus grands perils dont une ame Chrétienne peut être aſſaillie. Et pour ne point parler ici des tentations infinies qui attaquent à chaque pas la foibleſſe humaine, quel péril n'eût point trouvé cette Princeſſe dans ſa propre gloire ? La gloire : Qui a-t-il pour le Chrétien de plus pernicieux & de plus mortel ? Quel appas plus dangereux ? Quelle fumée plus capable de faire tourner les meilleures têtes ? Conſiderez la Princeſſe ; repreſentez-vous cét eſprit, qui répandu par tout ſon exterieur, en rendoit les graces ſi vives : tout étoit eſprit, tout étoit bonté. Affable à tous avec dignité, elle ſçavoit eſtimer les uns ſans fâcher les autres ; & quoi que le merite fût diſtingué, la foibleſſe ne ſe ſentoit pas dédaignée. Quand quelqu'un traitoit avec elle, il ſembloit qu'elle eût oublié ſon rang pour ne ſe ſoûtenir que par ſa raiſon. On ne s'appercevoit preſque pas qu'on parlât à une perſonne ſi élevée ; on ſentoit ſeulement au fonds de son cœur qu'on eût voulu lui rendre au centuple la grandeur dont elle se dépoüilloit si obligeamment. Fidele en ses paroles, incapable de déguisement, sûre à ses amis, par la lumiére & la droiture de son esprit elle les mettoit à couvert des vains ombrages, & ne leur laissoit à craindre que leurs propres fautes. Trés-reconnoissante des services, elle aimoit à prévenir les injures par sa bonté ; vive à les sentir, facile à les pardonner. Que dirai-je de sa liberalité ? Elle donnoit non seulement avec joie, mais avec une hauteur d'ame, qui marquoit tout ensemble, & le mépris du don, & l'estime de la personne. Tantôt par des paroles touchantes, tantôt même par son silence elle relevoit ses présens ; & cét art de donner agréablement, qu'elle avoit si bien pratiqué durant sa vie, l'a suivie, je le sçai, jusqu'entre les bras de la mort. Avec tant de grandes & tant d'aimables qualitez, qui eût pû lui refuser son admiration ? Mais avec son credit, avec sa puissance, qui n'eût voulu s'attacher à elle ? N'alloit-elle pas gagner tous les cœurs ? c'est à dire la seule chose qui reste à gagner à ceux à qui la naissance & la fortune semblent tout donner ; & si cette haute elevation est un précipice affreux pour les Chrétiens, ne puis-je pas dire, Messieurs, pour me servir des paroles fortes du plus grave des Historiens, *qu'elle alloit être précipitée dans la gloire ?* Car quelle créature fut jamais plus propre à être l'idole du monde ? Mais ces idoles que le monde adore, à combien de tentations délicates ne sont-elles pas exposées ? La gloire, il est vrai, les défend de quelques foiblesses ; mais la gloire les défend-t-elle de la gloire même ? Ne s'adorent-elles pas secretement ? Ne veulent-elles pas être adorées ? Que n'ont-elles pas à craindre de leur amour propre ? Et que se peut refuser la foiblesse humaine, pendant

que le monde lui accorde tout ? N'eſt-ce pas là qu'on
apprend à faire ſervir à l'ambition, à la grandeur, à la
politique, & la Vertu, & la Religion, & le Nom de
Dieu ? La modération que le monde affecte, n'étoufe
pas les mouvemens de la vanité ; elle ne ſert qu'à les
cacher ; & plus elle ménage le dehors, plus elle livre le
cœur aux ſentimens les plus délicats & les plus dangereux de la fauſſe gloire. On ne compte plus que ſoi-
même ; & on dit au fonds de ſon cœur : *Je ſuis, & il*
n'y a que moi ſur la terre. En cét état, MESSIEURS, la
vie n'eſt-elle pas un peril ? La mort n'eſt-elle pas une
grace ? Que ne doit-on craindre de ſes vices, ſi les
bonnes qualitez ſont ſi dangereuſes ? N'eſt-ce donc pas
un bienfait de Dieu d'avoir abregé les tentations avec
les jours de MADAME ? De l'avoir arrachée à ſa propre
gloire, avant que cette gloire par ſon excés eût mis en
hazard ſa modération ? Qu'importe que ſa vie ait été ſi
courte ? Jamais ce qui doit finir ne peut être long.
Quand nous ne compterions point ſes confeſſions plus
exactes, ſes entretiens de devotion plus frequens, ſon
application plus forte à la pieté dans les derniers temps
de ſa vie : ce peu d'heures ſaintement paſſées parmi les
plus rudes épreuves, & dans les ſentimens les plus
purs du Chriſtianiſme, tiennent lieu toutes ſeules d'un
âge accompli. Le temps a été court, je l'avouë ; mais
l'operation de la Grace a été forte ; mais la fidélité de
l'ame a été parfaite. C'eſt l'effet d'un art conſommé de
reduire en petit tout un grand ouvrage ; & la Grace,
cette excellente ouvriére, ſe plaît quelquefois à renfermer en vn jour la perfection d'une longue vie. Je
ſçai que Dieu ne veut pas qu'on s'attende à de tels
miracles ; mais ſi la temerité inſenſée des hommes abuſe
de ſes bontez, ſon bras pour cela n'eſt pas racourci, &
ſa main n'eſt pas affoiblie. Je me confie pour MADAME

en cette misericorde, qu'elle a si sincerement & si humblement reclamée. Il semble que Dieu ne lui ait conservé le jugement libre jusques au dernier soûpir, qu'afin de faire durer les témoignages de sa Foi. Elle a aimé en mourant le Sauveur JESUS; les bras lui ont manqué plûtôt que l'ardeur d'embrasser la Croix; j'ai veû sa main défaillante chercher encore en tombant de nouvelles forces, pour appliquer sur ses lévres ce bienheureux signe de nôtre Redemption : n'est-ce pas mourir entre les bras & dans le baiser du Seigneur? Ah! nous pouvons achever ce saint Sacrifice pour le repos de MADAME, avec une pieuse confiance. Ce JESUS en qui elle a esperé, dont elle a porté la Croix en son corps, par des douleurs si cruelles, lui donnera encore son Sang, dont elle est déjà toute teinte, toute penetrée, par la participation à ses Sacremens, & par la Communion avec ses souffrances. Mais en priant pour son ame, CHRE'TIENS, songeons à nous-mêmes. Qu'attendons-nous pour nous convertir? Et quelle dureté est semblable à la nôtre, si un accident si étrange qui devroit nous penetrer jusqu'au fonds de l'ame, ne fait que nous étourdir pour quelques momens? Attendons-nous que Dieu ressuscite des morts pour nous instruire? Il n'est point necessaire que les morts reviennent, ni que quelqu'un sorte du tombeau; ce qui entre aujourd'hui dans le tombeau, doit suffire pour nous convertir. Car si nous sçavons nous connoître, nous confesserons, CHRE'TIENS, que les veritez de l'Eternité sont assez bien établies; nous n'avons rien que de foible à leur opposer; c'est par passion, & non par raison, que nous osons les combattre. Si quelque chose les empêche de regner sur nous, ces saintes & salutaires veritez, c'est que le monde nous occupe; c'est que les sens, nous enchantent; c'est que le préfent nous entraîne. Faut-il un autre fpectacle pour nous détromper, & des fens, & du préfent, & du monde ? La Providence divine pouvoit-elle nous mettre en veuë, ni de plus prés, ni plus fortement, la vanité des chofes humaines ? Et fi nos cœurs s'endurciffent aprés un avertiffement fi fenfible, que lui refte-t-il autre chofe, que de nous fraper nous mêmes fans mifericorde ? Prévenons un coup fi funefte, & n'attendons pas toûjours des miracles de la Grâce. Il n'eft rien de plus odieux à la fouveraine Puiffance, que de la vouloir forcer par des exemples, & de lui faire une loi de fes graces & de fes faveurs. Recevez donc fans differer fes infpirations, & ne tardez-pas à vous convertir. Quoi ? Le charme de fentir eft-il fi fort que nous ne puiffions rien prévoir ? Les adorateurs des grandeurs humaines, feront-ils fatisfaits de leur fortune, quand ils verront que dans un moment leur gloire paffera à leur nom, leurs titres à leurs tombeaux, leurs biens à des ingrats, & leurs dignitez peut-être à leurs envieux ? Que fi nous fommes affûrez qu'il viendra vn dernier jour, où la mort nous forcera de confeffer toutes nos erreurs, pourquoi ne pas méprifer par raifon, ce qu'il faudra un jour méprifer par force ? Et quel eft nôtre aveuglement, fi toûjours avançans vers nôtre fin, & plûtôt mourans que vivans, nous attendons les derniers foûpirs pour prendre les fentimens que la feule penfée de la mort nous devroit infpirer à tous les momens de nôtre vie ? Commencez aujourd'hui à méprifer les faveurs du monde : & toutes les fois que vous ferez dans ces lieux auguftes, dans ces fuperbes Palais, à qui Madame donnoit un éclat, que vos yeux recherchent encore ; toutes les fois, que regardant cette grande place qu'elle rempliffoit fi bien, vous fentirez qu'elle y manque : fongez que cette gloire que vous admiriez faifoit fon peril en cette vie, & que dans l'autre elle eft deveneuë le fujet d'un examen rigoureux, où rien n'a été capable de la raffûrer que cette fincere refignation qu'elle a euë aux ordres de Dieu, & les faintes humiliations de la Penitence.

EXTRAIT DV PRIVILEGE DV ROI.

Par Lettres Patentes du Roi, données à Paris le 12. Octobre 1670. fignées d'Alencé, & fcellées du grand Sceau de cire jaune, il eft permis à Sebastien Mabre-Cramoisy Imprimeur de Sa Majefté, & Directeur de fon Imprimerie Roiale du Louvre, d'imprimer *l'Oraifon Funébre de* Madame, *Ducheffe d'Orleans, prononcée à Saint Denis par Monfeigneur* l'Evesque de Condom : Avec défenfes à toutes perfonnes, de quelque qualité & condition qu'elles foient, d'imprimer, ou faire imprimer ladite Oraifon Funébre, fous les peines portées par lefdites Lettres.

ORAISON FUNEBRE

DE

MARIE TERESE

D'AUSTRICHE

INFANTE D'ESPAGNE

REINE DE FRANCE ET DE NAVARRE

*Prononcée à Saint Denis
le premier de Septembre 1683.*

Par Messire Jacques Benigne BOSSUET

Evefque de Meaux,
Confeiller du Roy en fes Confeils,
Cy-devant Précepteur de Monfeigneur le Dauphin, Premier Aumofnier
de Madame la Dauphine.

A PARIS

Chez Sebastien MABRE-CRAMOISY

IMPRIMEUR DU ROY, RUË S. JACQUES

Aux Cicognes

M. DC. LXXXIII.

Avec Privilege de Sa Maiefté

ORAISON FUNEBRE
DE MARIE TERESE
D'AUSTRICHE,
INFANTE D'ESPAGNE,
REINE DE FRANCE ET DE NAVARRE.

> *Sine macula enim sunt ante thronum Dei.*
> Apoc. 14. 5.
>
> Ils sont sans tache devant le thrône de Dieu.
> Paroles de l'Apostre Saint Jean dans
> sa révelation, *chap. 14.*

MONSEIGNEUR,

QUELLE assemblée l'Apostre Saint Jean nous fait paroistre. Ce grand Prophete nous ouvre le Ciel, & nostre Foy y découvre *sur la sainte montagne de Sion*, dans la partie la plus élevée de la Jérusalem bienheureuse, l'Agneau qui oste le peché du monde, avec une compagnie digne de luy. C'est ceux dont il est écrit au commencement de l'Apocalypse : *Il y a dans l'Eglise de Sardis un petit nombre de Fideles, pauca nomina.*

qui n'ont pas fouïllé leurs veſtemens : ces riches veſtemens dont le Baptefme les a reveſtus ; veſtemens qui ne font rien moins que Jeſus-Chriſt meſme, felon ce que dit l'Apoſtre : *Vous tous qui aveẓ eſté baptiſeẓ, vous aveẓ eſté reveſtus de Jeſus-Chriſt* Ce petit nombre cheri de Dieu pour ſon innocence & remarquable par la rareté d'un don ſi exquis, a ſçeû conferver ce précieux veſtement, & la grace du Baptefme. Et quelle fera la récompenſe d'une ſi rare fidelité ? Ecoutez parler le Juſte & le Saint : *Ils marchent*, dit-il, *avec moy, reveſtus de blanc, parce qu'ils en font dignes;* dignes par leur innocence de porter dans l'éternité la livrée de l'Agneau fans tache, & de marcher toûjours avec luy, puis que jamais ils ne l'ont quitté depuis qu'il les a mis dans fa compagnie : ames pures & innocentes ; *ames vierges*, comme les appelle Saint Jean, au meſme fens que Saint Paul difoit à tous les Fideles de Corinthe : *Je vous ay. promis, comme une vierge pudique, à un feul homme, qui eſt Jeſus-Chriſt*. La vraye chaſteté de l'ame, la vraye pudeur chreſtienne eſt de rougir du peché, de n'avoir d'yeux ni d'amour que pour Jeſus-Chriſt, & de tenir toûjours ſes fens épurez de la corruption du fiecle. C'eſt dans cette troupe innocente & pure que la REINE a eſté placée : l'horreur qu'elle a toûjours eû du peché luy a merité cét honneur. La Foy qui pénetre juſqu'aux Cieux nous la fait voir aujourd'huy dans cette bienheureufe compagnie. Il me ſemble que je reconnois cette modeſtie, cette paix, ce recueïllement que nous luy voyions devant les Autels, qui infpiroit du reſpect pour Dieu & pour elle : Dieu ajoûte à ces faintes difpoſitions le tranſport d'une joye celeſte. La mort ne l'a point changée, ſi ce n'eſt qu'une immortelle beauté a pris la place d'une beauté changeante & mortelle. Cette éclatante blancheur, ſymbole de ſon innocence & de la candeur de son ame, n'a fait, pour ainsi parler, que passer au dedans où nous la voyons rehaussée d'une lumiere divine. *Elle marche avec l'Agneau, car elle en est digne.* La sincerité de son cœur sans dissimulation & sans artifice la range au nombre de ceux dont Saint Jean a dit dans les paroles qui précedent celles de mon texte, que *le mensonge ne s'est point trouvé en leur bouche,* ni aucun déguisement dans leur conduite : *ce qui fait qu'on les voit sans tache devant le throne de Dieu. Sine macula sunt enim ante thronum Dei.* En effet, elle est sans reproche devant Dieu & devant les hommes : la médisance ne peut attaquer aucun endroit de sa vie depuis son enfance jusqu'à sa mort ; & une gloire si pure, une si belle réputation est un parfum précieux qui réjoüit le Ciel & la terre.

Monseigneur, ouvrez les yeux à ce grand spectacle. Pouvois-je mieux essuyer vos larmes, celles des Princes qui vous environnent, & de cette Auguste Assemblée, qu'en vous faisant voir au milieu de cette troupe resplendissante, & dans cét état glorieux une Mere si cherie & si regretée ? Louis mesme, dont la constance ne peut vaincre ses justes douleurs, les trouveroit plus traitables dans cette pensée. Mais ce qui doit estre vostre unique consolation, doit aussi, Monseigneur, estre vostre exemple ; & ravi de l'éclat immortel d'une vie toûjours si reglée, & toûjours si irreprochable, vous devez en faire passer toute la beauté dans la vostre.

Qu'il est rare, Chrestiens, qu'il est rare encore une fois, de trouver cette pureté parmi les hommes ! mais sur tout, qu'il est rare de la trouver parmi les Grands ! *Ceux que vous voyez revestus d'une robe blanche, ceux-là,* dit Saint Jean, *viennent d'une grande affliction, de tribulatione magna;* afin que nous entendions que cette divine blancheur se forme ordinairement sous la croix,

& rarement dans l'éclat trop plein de tentation, des grandeurs humaines.

Et toutefois il eſt vray, Messieurs, que Dieu, par un miracle de ſa Grace, ſe plaiſt à choiſir parmi les Rois, de ces ames pures. Tel a eſté Saint Louïs, toûjours pur & toûjours ſaint dés ſon enfance, & Marie Terese ſa fille a eû de luy ce bel héritage.

Entrons, Messieurs, dans les deſſeins de la Providence, & admirons les bontez de Dieu qui ſe répandent ſur nous & ſur tous les peuples dans la prédeſtination de cette Princeſſe. Dieu l'a élevée au faiſte des grandeurs humaines, afin de rendre la pureté & la perpetuelle régularité de ſa vie plus éclatante & plus exemplaire. Ainſi ſa vie & ſa mort également pleines de ſainteté & de grace, deviennent l'inſtruction du genre humain. Noſtre ſiecle n'en pouvoit recevoir de plus parfaite, parce qu'il ne voyoit nulle part dans une ſi haute élevation une pareille pureté. C'eſt ce rare & merveilleux aſſemblage que nous aurons à conſiderer dans les deux parties de ce diſcours. Voicy en peu de mots ce que j'ay à dire de la plus pieuſe des Reines, & tel eſt le digne abregé de ſon éloge : Il n'y a rien que d'auguſte dans ſa perſonne, il n'y a rien que de pur dans ſa vie. Accourez peuples : venez contempler dans la premiere place du monde la rare & majeſtueuſe beauté d'une vertu toûjours conſtante. Dans une vie ſi égale, il n'importe pas à cette Princeſſe où la mort frape ; on n'y voit point d'endroit foible par où elle puſt craindre d'eſtre ſurpriſe : toûjours vigilante, toûjours attentive à Dieu & à ſon ſalut, ſa mort ſi précipitée & ſi effroyable pour nous, n'avoit rien de dangereux pour elle. Ainſi ſon élévation ne ſervira qu'à faire voir à tout l'Univers, comme du lieu le plus éminent qu'on découvre dans ſon enceinte, cette importante verité : qu'il n'y a rien de folide, ni de vrayment grand parmi les hommes que d'éviter le peché, & que la feule précaution contre les attaques de la mort, c'eft l'innocence de la vie. C'eft, Messieurs, l'inftruction que nous donne dans ce tombeau, ou pluftoft du plus haut des Cieux, Tres-Haute, Tres-Excellente, Tres-Puissante, et Tres-Chrestienne Princesse Marie Terese d'Austriche, Infante d'Espagne, Reine de France et de Navarre.

Je n'ay pas befoin de vous dire que c'eft Dieu qui donne les grandes naiffances, les grands mariages, les enfans, la pofterité. C'eft luy qui dit à Abraham : *Les Rois fortiront de vous*, & qui fait dire par fon Prophete à David : *Le Seigneur vous fera une maifon*. Dieu qui d'un feul homme a voulu former tout le genre humain, comme dit Saint Paul, & de cette fource commune *le répandre fur toute la face de la terre*, en a veû & prédeftiné dés l'éternité les alliances & les divifions, *marquant les temps*, pourfuit-il, *& donnant des bornes à la demeure des peuples*, & enfin un cours reglé à toutes ces chofes. C'eft donc Dieu qui a voulu élever la Reine par une augufte naiffance à un augufte mariage, afin que nous la viffions honorée au deffus de toutes les femmes de fon fiecle, pour avoir efté cherie, eftimée, & trop toft, helas, regretée par le plus grand de tous les hommes !

Que je méprife ces Philofophes, qui mefurant les confeils de Dieu à leurs penfées ne le font auteur que d'un certain ordre général d'où le refte fe dévelope comme il peut? Comme s'il avoit à noftre maniere des veûës générales & confufes, & comme fi la fouveraine Intelligence pouvoit ne pas comprendre dans fes deffeins les chofes particulieres qui feules fubfiftent veritablement. N'en doutons pas, Chrestiens : Dieu a préparé dans fon confeil éternel les premieres familles qui font

la fource des nations, & dans toutes les nations les qualitez dominantes qui en devoient faire la fortune. Il a
auffi ordonné dans les nations les familles particulieres
dont elles font compofées, mais principalement celles
qui devoient gouverner ces nations, & en particulier
dans ces familles tous les hommes par lefquels elles
devoient ou s'élever, ou fe fouftenir, ou s'abbatre.

C'eft par la fuite de ces confeils que Dieu a fait naiftre
les deux puiffantes Maifons d'où la Reine devoit fortir,
celle de France & celle d'Auftriche, dont il fe fert pour
balancer les chofes humaines : jufqu'à quel degré &
jufqu'à quel temps, il le fçait, & nous l'ignorons.

On remarque dans l'Ecriture que Dieu donne aux
Maifons Royales certains caracteres propres, comme
celuy que les Syriens, quoy qu'ennemis des Rois d'Ifraël, leur attribuent par ces paroles : *Nous avons appris
que les Rois de la Maifon d'Ifraël font clemens.*

Je n'examineray pas les caracteres particuliers qu'on
a donnez aux Maifons de France & d'Auftriche : & fans
dire que l'on redoutoit davantage les confeils de celle
d'Auftriche, ni qu'on trouvoit quelque chofe de plus
vigoureux dans les armes & dans le courage de celle de
France, maintenant que par une grace particuliere ces
deux caracteres fe réüniffent vifiblement en noftre faveur, je remarqueray feulement ce qui faifoit la joye
de la Reine, c'eft que Dieu avoit donné à ces deux
Maifons d'où elle eft fortie, la pieté en partage ; de forte
que *fanctifiée*, qu'on m'entende bien, c'eft-à-dire confa-
crée à la fainteté par fa naiffance felon la doctrine de
Saint Paul, elle difoit avec cét Apoftre : *Dieu, que ma
famille a toûjours fervi,* & à qui je fuis dédiée *par mes
Anceftres. Deus cui fervio à progenitoribus.*

Que s'il faut venir au particulier de l'augufte Maifon
d'Auftriche, que peut-on voir de plus illuftre que fa

descendance immediate, où durant l'espace de quatre cens ans on ne trouve que des Rois & des Empereurs, & une si grande affluence de Maisons Royales, avec tant d'Etats & tant de Royaumes, qu'on a préveû il y a long-temps qu'elle en feroit surchargée ?

Qu'est-il besoin de parler de la Tres-Chrestienne Maison de France, qui par sa noble constitution est incapable d'estre assujetie à une famille étrangere : qui est toûjours dominante dans son Chef : qui seule dans tout l'Univers & dans tous les siecles se voit aprés sept cens ans d'une Royauté établie (sans compter ce que la grandeur d'une si haute origine fait trouver ou imaginer aux curieux observateurs des antiquitez) seule, dis-je, se voit aprés tant de siecles encore dans sa force & dans sa fleur, & toûjours en possession du Royaume le plus illustre qui fut jamais sous le soleil, & devant Dieu & devant les hommes : devant Dieu, d'une pureté inalterable dans la Foy ; & devant les hommes, d'une si grande dignité, qu'il a pû perdre l'Empire sans perdre sa gloire ni son rang ?

La Reine a eû part à cette Grandeur, non seulement par la riche & fiere Maison de Bourgogne, mais encore par Isabelle de France sa mere, digne fille de Henri le Grand, & de l'aveu de l'Espagne, la meilleure Reine, comme la plus regretée, qu'elle eust jamais veüë sur le throne : triste rapport de cette Princesse avec la Reine sa fille. Elle avoit à peine quarante-deux ans quand l'Espagne la pleura ; & pour nostre malheur la vie de Marie Terese n'a guéres eû un plus long cours. Mais la sage, la courageuse & la pieuse Isabelle devoit une partie de sa gloire aux malheurs de l'Espagne, dont on sçait qu'elle trouva le remede par un zele & par des conseils qui ranimerent les Grands & les peuples, &, si on le peut dire, le Roy mesme. Ne nous plaignons pas,

CHRESTIENS, de ce que la Reine fa fille dans un état plus tranquille donne auffi un fujet moins vif à nos difcours, & contentons-nous de penfer que dans des occafions auffi malheureufes dont Dieu nous a préfervez, nous y euffions pû trouver les mefmes reffources.

Avec quelle application & quelle tendreffe Philippe IV. fon pere ne l'avoit-il pas élevée! On la regardoit en Efpagne non pas comme une Infante, mais comme un Infant; car c'eft ainfi qu'on y appelle la Princeffe qu'on reconnoift comme héritiere de tant de Royaumes. Dans cette veûë on approcha d'elle tout ce que l'Efpagne avoit de plus vertueux & de plus habile. Elle fe vit, pour ainfi parler, dés fon enfance toute environnée de vertus; & on voyoit paroiftre en cette jeune Princeffe plus de belles qualitez qu'elle n'attendoit de couronnes. Philippe l'éleve ainfi pour fes Eftats : Dieu qui nous aime la deftine à Louis.

Ceffez, Princes & Potentats, de troubler par vos prétentions le projet de ce Mariage. Que l'Amour qui femble auffi le vouloir troubler, cede luy-mefme. L'Amour peut bien remuer le cœur des Heros du monde; il peut bien y foulever des tempeftes, & y exciter des mouvemens qui faffent trembler les Politiques, & qui donnent des efperances aux infenfez : mais il y a des ames d'un ordre fuperieur à fes loix, à qui il ne peut infpirer des fentimens indignes de leur rang. Il y a des mefures prifes dans le Ciel qu'il ne peut rompre; & l'Infante non-feulement par fon augufte naiffance, mais encore par fa vertu & par fa réputation eft feule digne de Louis.

C'eftoit *la femme prudente qui eft donnée proprement par le Seigneur,* comme dit le Sage. Pourquoy *donnée proprement par le Seigneur,* puis que c'eft le Seigneur qui donne tout; & quel eft ce merveilleux avantage qui merite d'eſtre attribué d'une façon ſi particuliere à la divine bonté ? Il ne faut pour l'entendre que conſiderer ce que peut dans les Maiſons la prudence temperée d'une femme ſage pour les ſouſtenir, pour y faire fleurir dans la pieté la veritable ſageſſe, & pour calmer des paſſions violentes qu'une réſiſtance emportée ne feroit qu'aigrir.

Iſle pacifique où ſe doivent terminer les differends de deux grands Empires à qui tu ſers de limites : Iſle éternellement mémorable par les Conferences de deux grands Miniſtres ; où l'on vit déveloper toutes les adreſſes & tous les ſecrets d'une politique ſi differente ; où l'un ſe donnoit du poids par ſa lenteur, & l'autre prenoit l'aſcendant par ſa pénetration : auguſte Journée où deux fieres nations long-temps ennemies, & alors réconciliées par MARIE TERESE s'avancent ſur leurs confins, leurs Rois à leur teſte, non plus pour ſe combattre, mais pour s'embraſſer ; où ces deux Rois avec leur Cour d'une grandeur, d'une politeſſe, & d'une magnificence auſſi-bien que d'une conduite ſi differente, furent l'un à l'autre & à tout l'Univers un ſi grand ſpectacle : Feſtes ſacrées, Mariage fortuné, Voile nuptial, Benediction, Sacrifice, puis-je meſler aujourd'huy vos cérémonies & vos pompes avec ces pompes funebres, & le comble des grandeurs avec leurs ruines ? Alors l'Eſpagne perdit ce que nous gagnions : maintenant nous perdons tous les uns & les autres ; & MARIE TERESE perit pour toute la terre. L'Eſpagne pleuroit ſeule : maintenant que la France & l'Eſpagne meſlent leurs larmes, & en verſent des torrens, qui pourroit les arreſter ? Mais ſi l'Eſpagne pleuroit ſon Infante qu'elle voyoit monter ſur le throne le plus glorieux de l'Univers, quels ſeront nos gemiſſemens à la veûë de ce tombeau, où tous enſemble nous ne voyons plus que l'inévitable néant des grandeurs humaines? Taifons-nous : ce n'eſt pas des larmes que je veux tirer de vos yeux. Je poſe les fondemens des inſtructions que je veux graver dans vos cœurs : auſſi-bien la vanité des choſes humaines tant de fois étalée dans cette chaire, ne ſe montre que trop d'elle-meſme ſans le ſecours de ma voix, dans ce Sceptre ſitoſt tombé d'une ſi royale main, & dans une ſi haute Majeſté ſi promptement diſſipée.

Mais ce qui en faiſoit le plus grand éclat n'a pas encore paru. Une Reine ſi grande par tant de titres, le devenoit tous les jours par les grandes actions du Roy & par le continuel accroiſſement de ſa gloire. Sous luy la France a appris à ſe connoiſtre. Elle ſe trouve des forces que les ſiecles précedens ne ſçavoient pas : l'ordre & la diſcipline militaire s'augmentent avec les armées. Si les François peuvent tout, c'eſt que leur Roy eſt par tout leur Capitaine ; & aprés qu'il a choiſi l'endroit principal qu'il doit animer par ſa valeur, il agit de tous coſtez par l'impreſſion de ſa vertu.

Jamais on n'a fait la guerre avec une force plus inévitable, puis qu'en mépriſant les ſaiſons, il a oſté juſqu'à la défenſe à ſes ennemis. Les ſoldats ménagez & expoſez quand il faut, marchent avec confiance ſous ſes étendarts : nul fleuve ne les arreſte, nulle fortereſſe ne les effraye. On ſçait que Louis foudroye les villes plûtoſt qu'il ne les aſſiege, & tout eſt ouvert à ſa puiſſance.

Les Politiques ne ſe meſlent plus de deviner ſes deſſeins. Quand il marche, tout ſe croit également menacé : un voyage tranquille devient tout-à-coup une expedition redoutable à ſes ennemis. Gand tombe avant qu'on penſe à le munir : Louis y vient par de longs détours ; & la Reine qui l'accompagne au cœur de l'hyver, joint au plaifir de le fuivre celuy de fervir fecrettement à fes deffeins.

Par les foins d'un fi grand Roy, la France entiere n'eft plus, pour ainfi parler, qu'une feule fortereffe qui montre de tous coftez un front redoutable. Couverte de toutes parts, elle eft capable de tenir la paix avec feûreté dans fon fein, mais auffi de porter la guerre par tout où il faut, & de fraper de prés & de loin avec une égale force. Nos ennemis le fçavent bien dire, & nos alliez ont reffenti dans le plus grand éloignement, combien la main de Louis eftoit fecourable.

Avant luy, la France prefque fans vaiffeaux, tenoit en vain aux deux mers : maintenant on les voit couvertes depuis le Levant jufqu'au Couchant de nos Flotes victorieufes, & la hardieffe Françoife porte par tout la terreur avec le nom de Louis. Tu cederas, ou tu tomberas fous ce vainqueur, Alger riche des dépouïlles de la Chreftienté. Tu difois en ton cœur avare ; Je tiens la mer fous mes loix, & les nations font ma proye. La legereté de tes vaiffeaux te donnoit de la confiance : mais tu te verras attaquée dans tes murailles, comme un oifeau raviffant qu'on iroit chercher parmi fes rochers & dans fon nid, où il partage fon butin à fes petits. Tu rends déja tes efclaves. Louis a brifé les fers dont tu accablois fes Sujets qui font nez pour eftre libres fous fon glorieux Empire. Tes maifons ne font plus qu'un amas de pierres. Dans ta brutale fureur tu te tournes contre toy-mefme, & tu ne fçais comment affouvir ta rage impuiffante. Mais nous verrons la fin de tes brigandages. Les Pilotes étonnez s'écrient par avance, *Qui eft femblable à Tyr? & toutefois elle s'eft tuë dans le milieu de la mer ;* & la navigation va eftre affeûrée par les armes de Louis.

L'éloquence s'eft épuifée à loüer la fageffe de fes loix & l'ordre de fes Finances. Que n'a-t-on pas dit de ſa fermeté, à laquelle nous voyons ceder juſqu'à la fureur des Duels ? La ſevere Juſtice de Louis jointe à ſes inclinations bienfaiſantes fait aimer à la France l'autorité ſous laquelle heureuſement réünie elle eſt tranquille & victorieuſe. Qui veut entendre combien la raiſon préſide dans les conſeils de ce Prince, n'a qu'à preſter l'oreille quand il luy plaiſt d'en expliquer les motifs. Je pourrois icy prendre à témoin les ſages Miniſtres des Cours étrangeres, qui le trouvent auſſi convaincant dans ſes diſcours que redoutable par ſes armes. La nobleſſe de ſes expreſſions vient de celle de ſes ſentimens, & ſes paroles préciſes ſont l'image de la juſteſſe qui regne dans ſes penſées. Pendant qu'il parle avec tant de force, une douceur ſurprenante luy ouvre les cœurs, & donne je ne ſçay comment un nouvel éclat à la Majeſté qu'elle tempere.

N'oublions pas ce qui faiſoit la joye de la Reine. Louis eſt le rempart de la Religion : c'eſt à la Religion qu'il fait ſervir ſes armes redoutées par mer & par terre. Mais ſongeons qu'il ne l'établit par tout au dehors que parce qu'il la fait regner au dedans & au milieu de ſon cœur. C'eſt là qu'il abbat des ennemis plus terribles que ceux que tant de Puiſſances jalouſes de ſa grandeur, & l'Europe entiere pourroit armer contre luy. Nos vrais ennemis ſont en nous-meſmes, & Louis combat ceux-là plus que tous les autres. Vous voyez tomber de toutes parts les Temples de l'Héreſie : ce qu'il renverſe au dedans eſt un ſacrifice bien plus agréable ; & l'ouvrage du Chreſtien, c'eſt de détruire les paſſions qui feroient de nos cœurs un Temple d'Idoles. Que ſerviroit à Louis d'avoir étendu ſa gloire par tout où s'étend le genre humain ? Ce ne luy eſt rien d'eſtre l'homme que les autres hommes admirent : il veut eſtre, avec David, *l'homme ſelon le cœur de Dieu.*

C'eſt pourquoy Dieu le benit. Tout le genre humain demeure d'accord qu'il n'y a rien de plus grand que ce qu'il fait, ſi ce n'eſt qu'on veuïlle compter pour plus grand encore tout ce qu'il n'a pas voulu faire, & les bornes qu'il a données à ſa puiſſance. Adorez donc, O Grand Roy, celuy qui vous fait regner, qui vous fait vaincre, & qui vous donne dans la victoire, malgré la fierté qu'elle inſpire, des ſentimens ſi moderez! Puiſſe la Chreſtienté ouvrir les yeux, & reconnoiſtre le vengeur que Dieu luy envoye. Pendant, ô malheur, ô honte, ô juſte punition de nos pechez! pendant, dis-je, qu'elle eſt ravagée par les Infideles qui pénetrent juſqu'à ſes entrailles; que tarde-t-elle à ſe ſouvenir & des ſecours de Candie, & de la fameuſe Journée du Raab, où Louis renouvella dans le cœur des Infideles l'ancienne opinion qu'ils ont des armes Françoiſes fatales à leur tyrannie, & par des exploits inouïs devint le rempart de l'Auſtriche dont il avoit eſté la terreur?

Ouvrez donc les yeux, Chrestiens, & regardez ce Heros, dont nous pouvons dire, comme Saint Paulin diſoit du Grand Theodoſe, que nous voyons en Louis, *non un Roy, mais un ſerviteur de Jeſus-Chriſt, & un Prince qui s'éleve audeſſus des hommes plus encore par ſa Foy que par ſa Couronne. In Theodoſio non Imperatorem, ſed Chriſti ſervum, nec regno, ſed fide Principem prædicamus.*

C'eſtoit, Messieurs, d'un tel Heros que Marie Terese devoit partager la gloire d'une façon particuliere, puis que non contente d'y avoir part comme compagne de ſon thrône, elle ne ceſſoit d'y contribuer par la perſeverance de ſes vœux.

Pendant que ce grand Roy la rendoit la plus illuſtre de toutes les Reines, vous la faiſiez, Monseigneur, la plus illuſtre de toutes les Meres. Vos reſpects l'ont confolée de la perte de fes autres enfans. Vous les luy avez rendus : elle s'eft veûë renaiftre dans ce Prince qui fait vos délices & les noftres ; & elle a trouvé une fille digne d'elle dans cette augufte Princeffe, qui par fon rare mérite autant que par les droits d'un nœud facré ne fait avec vous qu'un mefme cœur. Si nous l'avons admirée dés le moment qu'elle parut, le Roy a confirmé noftre jugement ; & maintenant devenuë, malgré fes fouhaits, la principale décoration d'une Cour dont un fi grand Roy fait le fouftien, elle eft la confolation de toute la France.

Ainfi noftre Reine, heureufe par fa naiffance, qui luy rendoit la pieté auffi-bien que la grandeur comme héreditaire, par fa fainte éducation, par fon mariage, par la gloire & par l'amour d'un fi grand Roy, par le mérite & par les refpects de fes enfans, & par la vénération de tous les peuples, ne voyoit rien fur la terre qui ne fuft audeffous d'elle. Elevez maintenant, ô Seigneur, & mes penfées & ma voix ! Que je puiffe reprefenter à cette augufte Audiance l'incomparable beauté d'une ame que vous avez toûjours habitée, qui n'a jamais *affligé voftre Efprit Saint,* qui jamais n'a perdu *le gouft du don celefte;* afin que nous commencions malheureux pecheurs à verfer fur nous-mefmes un torrent de larmes, & que ravis des chaftes attraits de l'innocence, jamais nous ne nous laffions d'en pleurer la perte.

A la verité, CHRESTIENS, quand on voit dans l'Evangile la brebis perduë préférée par le bon Pafteur à tout le refte du troupeau ; quand on y lit cét heureux retour du Prodigue retrouvé, & ce tranfport d'un pere attendri qui met en joye toute fa famille : on eft tenté de croire que la penitence eft préférée à l'innocence mefme, & que le Prodigue retourné reçoit plus de graces que son aifné, qui ne s'eft jamais échapé de la maifon paternelle. Il eft l'aifné toutefois, & deux mots que luy dit fon pere luy font bien entendre qu'il n'a pas perdu fes avantages : *Mon fils,* luy dit-il, *vous eftes toûjours avec moy, & tout ce qui eft à moy eft à vous.* Cette parole, MESSIEURS, ne fe traite gueres dans les chaires, parce que cette inviolable fidelité ne fe trouve gueres dans les mœurs. Expliquons-la toutefois, puis que noftre illuftre fujet nous y conduit, & qu'elle a une parfaite conformité avec noftre texte. Une excellente doctrine de Saint Thomas nous la fait entendre, & concilie toutes chofes. Dieu témoigne plus d'amour au jufte toûjours fidele; il en témoigne davantage auffi au pecheur réconcilié; mais en deux manieres differentes. L'un paroiftra plus favorifé, fi l'on a égard à ce qu'il eft; & l'autre, fi l'on remarque d'où il eft forti. Dieu conferve au jufte un plus grand don; il retire le pecheur d'un plus grand mal. Le jufte femblera plus avantagé, fi l'on pefe fon mérite; & le pecheur plus cheri, fi l'on confidere fon indignité. Le pere du Prodigue l'explique luy-mefme : *Mon fils, vous eftes toûjours avec moy, & tout ce qui eft à moy eft à vous*; c'eft ce qu'il dit à celuy à qui il conferve un plus grand don : *Il falloit fe réjoüir parce que voftre frere eftoit mort, & il eft reffufcité;* c'eft ainfi qu'il parle de celuy qu'il retire d'un plus grand abifme de maux. Ainfi les cœurs font faifis d'une joye foudaine par la grace inefperée d'un beau jour d'hiver, qui aprés un temps pluvieux vient réjoüir tout d'un coup la face du monde; mais on ne laiffe pas de luy préferer la conftante ferenité d'une faifon plus benigne. & s'il nous eft permis d'expliquer les fentimens du Sauveur par ces fentimens humains, il s'émeut plus fenfiblement fur les pecheurs convertis, qui font fa nouvelle conquefte; mais il réferve une plus douce familiarité aux juftes, qui font fes anciens & perpetuels amis : puis que s'il dit, parlant du Prodigue : *Qu'on luy rende fa premiere robe,* il ne luy dit pas toutefois : *Vous eftes toûjours avec moy* ; ou, comme Saint Jean le répete dans l'Apocalypfe : *Ils font toûjours avec l'Agneau, & paroiffent fans tache devant fon thrône. Sine macula funt ante thronum Dei.*

Comment fe conferve cette pureté dans ce lieu de tentations, & parmi les illufions des grandeurs du monde, vous l'apprendrez de la Reine. Elle eft de ceux dont le Fils de Dieu a prononcé dans l'Apocalypfe : *Celuy qui fera victorieux, je le feray comme une colonne dans le temple de mon Dieu. Faciam illum columnam in templo Dei mei.* Il en fera l'ornement, il en fera le fouftien par fon exemple : il fera haut, il fera ferme. Voilà déja quelque image de la Reine. *Il ne fortira jamais du temple. Foras non egredietur amplius.* Immobile comme une colonne, il aura fa demeure fixe dans la maifon du Seigneur, & n'en fera jamais feparé par aucun crime. *Je le feray*, dit Jefus-Chrift, & c'eft l'ouvrage de ma grace. Mais comment affermira-t-il cette colonne ? Ecoutez, voicy le myftere : & *J'écriray deffus,* pourfuit le Sauveur : j'éleveray la colonne ; mais en mefme temps je mettray deffus une infcription mémorable. Hé, qu'écrirez-vous, ô Seigneur ! Trois noms feulement, afin que l'infcription foit auffi courte que magnifique : *J'y écriray,* dit-il, *le nom de mon Dieu, & le nom de la cité de mon Dieu la nouvelle Jerufalem, & mon nouveau nom.* Ces noms, comme la fuite le fera paroiftre, fignifient une foy vive dans l'interieur, les pratiques exterieures de la pieté dans les faintes obfervances de l'Eglife, & la frequentation des faints Sacremens : trois moyens de conferver l'innocence, & l'abregé de la vie de noftre fainte Princeffe. C'eft ce que vous verrez écrit fur la colonne, & vous lirez dans fon infcription les caufes de fa fermeté : & d'abord : *J'y écriray*, dit-il; *le nom de mon Dieu*, en luy infpirant une Foy vive. C'eft, Messieurs, par une telle Foy que le nom de Dieu eft gravé profondement dans nos cœurs. Une Foy vive eft le fondement de la ftabilité que nous admirons : car d'où viennent nos inconftances, fi ce n'eft de noftre Foy chancelante ? Parce que ce fondement eft mal affermi, nous craignons de baftir deffus, & nous marchons d'un pas douteux dans le chemin de la vertu. La Foy feule a de quoy fixer l'efprit vacillant ; car écoutez les qualitez que Saint Paul luy donne : *Fides fperandarum fubftantia rerum*. La *Foy*, dit-il, *eft une fubftance*, un folide fondement, un ferme fouftien. Mais de quoy ? De ce qui fe voit dans le monde. Comment donner une confiftence, ou, pour parler avec Saint Paul, *une fubftance*, & un corps à cette ombre fugitive ? La Foy eft donc un fouftien, mais des chofes *qu'on doit efperer*. Et quoy encore ? *Argumentum non apparentium. c'eft une pleine conviction de ce qui ne paroift pas*. La Foy doit avoir en elle la conviction. Vous ne l'avez pas, direz-vous : j'en fçay la caufe ; c'eft que vous craignez de l'avoir, au lieu de la demander à Dieu qui la donne. C'eft pourquoy tout tombe en ruine dans vos mœurs, & vos fens trop décififs emportent fi facilement votre raifon incertaine & irréfoluë. Et que veut dire cette conviction dont parle l'Apoftre, fi ce n'eft, comme il dit ailleurs, une foumiffion de *l'intelligence entierement captivée* fous l'autorité d'un Dieu qui parle ? Confiderez la pieufe Reine devant les Autels ; voyez comme elle eft faifie de la prefence de Dieu : ce n'eft pas par fa fuite qu'on la connoift, c'eft par fon attention & par cette refpectueufe immobilité qui ne luy permet pas mefme de lever les yeux. Le Sacrement adorable approche : ha, la Foy du Centurion admirée par le Sauveur mefme, ne fut pas plus vive, & il ne dît pas plus humblement, *Je ne fuis pas digne.* Voyez comme elle frape cette poitrine innocente, comme elle fe reproche les moindres pechez, comme elle abbaiffe cette tefte augufte devant laquelle s'incline l'Univers. La terre, fon origine & fa fepulture, n'eft pas encore affez baffe pour la recevoir : elle voudroit difparoiftre toute entiere devant la Majefté du Roy des Rois. Dieu luy grave par une Foy vive dans le fonds du cœur ce que difoit Ifaïe : *Cherchez des antres profonds, cachez-vous dans les ouvertures de la terre devant la face du Seigneur & devant la gloire d'une fi haute Majefté.*

Ne vous étonnez donc pas fi elle eft fi humble fur le thrône. O fpectacle merveilleux, et qui ravit en admiration le Ciel & la terre ! Vous allez voir une Reine, qui, à l'exemple de David, attaque de tous coftez fa própre grandeur, & tout l'orgueïl qu'elle infpire : vous verrez dans les paroles de ce grand Roy la vive peinture de la Reine, & vous en reconnoiftrez tous les fentimens : *Domine, non eft exaltatum cor meum!* *O Seigneur, mon cœur ne s'eft point hauffé!* voilà l'orgueïl attaqué dans fa fource. *Neque elati funt oculi mei ; mes regards ne fe font pas élevez* : en voilà l'oftentation & le fafte réprimé. Ha, Seigneur, je n'ay pas eû ce dédain qui empefche de jetter les yeux fur les mortels trop rampans, & qui fait dire à l'ame arrogante : *Il n'y a que moy fur la terre.* Combien eftoit éloignée la pieufe Reine de ces regards dédaigneux ; & dans une fi haute élevation, qui vit jamais paroiftre en cette Princeffe ou le moindre fentiment d'orgueïl ou le moindre air de mépris ? David pourfuit : *Neque ambulavi in magnis, neque in mirabilibus fuper me : Je ne marche point dans de vaftes penfées, ni dans des merveilles qui me paffent.*

Il combat icy les excés où tombent naturellement les grandes puiſſances. L'orgueïl, qui *monte toûjours*, aprés avoir porté ſes prétentions à ce que la grandeur humaine a de plus ſolide, ou plûtoſt de moins ruineux, pouſſe ſes deſſeins juſqu'à l'extravagance, & donne témerairement dans des projets inſenſez; comme faiſoit ce Roy ſuperbe (digne figure de l'ange rebelle) lors *qu'il diſoit en ſon cœur : Je m'éleveray audeſſus des nuës, je poſeray mon thrône ſur les aſtres, & je ſeray ſemblable au Tres-haut.* Je ne me perds point, dit David, dans de tels excés ; & voilà l'orgueïl mépriſé dans ſes égaremens. Mais aprés l'avoir ainſi rabatu dans tous les endroits par où il ſembloit vouloir s'élever, David l'aterre tout-à-fait par ces paroles : *Si*, dit-il, *je n'ay pas eû d'humbles ſentimens, & que j'aye exalté mon ame : Si non humiliter ſentiebam, ſed exaltavi animam meam* ; ou, comme traduit Sáint Jerôme : *Si non ſilere feci animam meam : Si je n'ay pas fait taire mon ame :* ſi je n'ay pas impoſé ſilence à ces flateuſes penſées qui ſe preſentent ſans ceſſe pour enfler nos cœurs. Et enfin il conclut ainſi ce beau Pſeaume : *Sicut ablactatus ad matrem ſuam, ſic ablactata eſt anima mea. Mon ame a eſté*, dit-il, *comme un enfant ſevré.* Je me ſuis arraché moy-meſme aux douceurs peu capables de me ſoûtenir, pour donner à mon eſprit une nourriture plus ſolide. Ainſi l'ame ſuperieure domine de tous coſtez cette imperieuſe grandeur, & ne luy laiſſe dorénavant aucune place. David ne donna jamais de plus beau combat. Non, mes freres, les Philiſtins défaits, & les Ours meſme dechirez de ſes mains ne ſont rien à comparaiſon de ſa grandeur qu'il a domptée. Mais la ſainte Princeſſe que nous celebrons, l'a égalé dans la gloire d'un ſi beau triomphe.

Elle ſçeût pourtant ſe preſter au monde avec toute la dignité que demandoit ſa grandeur. Les Rois doivent cét éclat à l'Univers comme le Soleil luy doit sa lumiere; & pour le repos du genre humain, ils doivent soustenir une majesté qui n'est qu'un rayon de celle de Dieu. Il estoit aisé à la Reine de faire sentir une grandeur qui luy estoit naturelle. Elle estoit née dans une Cour où la majesté se plaist à paroistre avec tout son appareil, & d'un pere qui sçeût conserver avec une grace, comme avec une jalousie particuliere, ce qu'on appelle en Espagne les coustumes de qualité & les bienseances du Palais. Mais elle aimoit mieux temperer la majesté, & l'anéantir devant Dieu, que de la faire éclater devant les hommes. Ainsi nous la voyions courir aux Autels, pour y gouster avec David un humble repos, & s'enfoncer dans son Oratoire, où malgré le tumulte de la Cour elle trouvoit le Carmel d'Elie, le desert de Jean, & la montagne si souvent témoin des gemissemens de Jesus.

J'ay appris de Saint Augustin que *l'ame attentive se fait elle-mesme une solitude. Gignit enim sibi ipsa mentis intentio solitudinem.* Mais, mes Freres, ne nous flatons pas, il faut sçavoir se donner des heures d'une solitude effective, si l'on veut conserver les forces de l'ame. C'est icy qu'il faut admirer l'inviolable fidelité que la Reine gardoit à Dieu. Ni les divertissemens, ni les fatigues des voyages, ni aucune occupation ne luy faisoit perdre ces heures particulieres qu'elle destinoit à la méditation & à la priere. Auroit-elle esté si perseverante dans cét exercice, si elle n'y eust gousté la manne cachée que *nul ne connoist que celuy qui en ressent les saintes douceurs? Manna absconditum quod nemo scit, nisi qui accipit.* C'est là qu'elle disoit avec David: *O Seigneur, vostre servante a trouvé son cœur pour vous faire cette priere! Invenit servus tuus cor suum, ut oraret te oratione hac.* Où allez-vous, cœurs égarez? Quoy mesme pendant la priere vous laissez errer vostre imagination vagabonde ; vos ambitieufes penfées vous reviennent devant Dieu ; elle font mefme le fujet de voftre priere ! Par l'effet du mefme tranfport qui vous fait parler aux hommes de vos prétentions, vous en venez encore parler à Dieu, pour faire fervir le Ciel & la terre à vos interefts. Ainfi, voftre ambition que la priere devoit éteindre, s'y échauffe : feu bien different de celuy que *David fentoit allumer dans fa méditation.* Ha, plûtoft puiffiez-vous dire avec ce grand Roy, & avec la pieufe Reine que nous honorons : *O Seigneur, voftre ferviteur a trouvé fon cœur.* J'ay rappellé ce fugitif, & le voila tout entier devant voftre face.

Ange Saint, qui préfidiez à l'Oraifon de cette fainte Princeffe, & qui portiez cét encens audeffus des nuës pour le faire brufler fur l'Autel que Saint Jean a veû dans le Ciel, racontez-nous les ardeurs de ce cœur bleffé de l'amour divin : faites-nous paroiftre ces torrens de larmes que la Reine verfoit devant Dieu pour fes pechez. Quoy donc, les ames innocentes ont-elles auffi les pleurs & les amertumes de la penitence ? Oûi fans doute, puifqu'il eft écrit, que *rien n'eft pur fur la terre, & que celuy qui dit qu'il ne peche pas fe trompe luymefme.* Mais c'eft des pechez legers : legers, par comparaifon, je le confeffe : legers en eux-mefmes ; la Reine n'en connoift aucun de cette nature. C'eft ce que porte en fon fonds toute ame innocente. La moindre ombre fe remarque fur ces veftemens qui n'ont pas encore efté falis, & leur vive blancheur en accufe toutes les taches. Je trouve icy les Chreftiens trop fçavans. Chreftien, tu fçais trop la diftinction des pechés veniels d'avec les mortels. Quoy, le nom commun de peché ne fuffira pas pour te les faire détefter les uns & les autres ? Sçais-tu que ces pechez qui femblent legers deviennent accablans par leur multitude & par les funeftes difpofitions qu'ils mettent dans les consciences ? C'est ce qu'enseignent d'un commun accord tous les saints Docteurs aprés Saint Augustin & Saint Gregoire. Sçais-tu que les pechez qui seroient veniels par leur objet, peuvent devenir mortels par l'excés de l'attachement ? Les plaisirs innocens le deviennent bien, selon la doctrine des Saints ; & seuls ils ont pû damner le mauvais Riche pour avoir esté trop goustez. Mais qui sçait le degré qu'il faut pour leur inspirer ce poison mortel ? Et n'est-ce pas une des raisons qui fait que David s'écrie, *Delicta quis intelligit ? Qui peut connoistre ses pechez ?* Que je hay donc ta vaine science, & ta mauvaise subtilité, ame téméraire qui prononces si hardiment : Ce peché que je commets sans crainte est veniel. L'ame vrayment pure n'est pas si sçavante. La Reine sçait en général qu'il y a des pechez veniels, car la Foy l'enseigne : mais la Foy ne luy enseigne pas que les siens le soient. Deux choses vous vont faire voir l'éminent degré de sa vertu. Nous le sçavons, Chrestiens, & nous ne donnons point de fausses loûanges devant ces Autels. Elle a dit souvent dans cette bienheureuse simplicité qui lui estoit commune avec tous les Saints, qu'elle ne comprenoit pas comment on pouvoit commettre volontairement un seul peché, pour petit qu'il fust. Elle ne disoit donc pas, Il est veniel : elle disoit, Il est peché, & son cœur innocent se soulevoit. Mais comme il échape toûjours quelque peché à la fragilité humaine, elle ne disoit pas, Il est leger : encore une fois, Il est peché, disoit-elle. Alors penetrée des siens, s'il arrivoit quelque malheur à sa personne, à sa famille, à l'Etat, elle s'en accusoit seule. Mais quels malheurs, direz-vous, dans cette grandeur & dans un si long cours de prosperitez ? Vous croyez donc que les déplaisirs & les plus mortelles douleurs ne se cachent pas sous la pourpre, ou qu'un

Royaume eſt un remede univerſel à tous les maux, un baume qui les adoucit, un charme qui les enchante? Au lieu que par un conſeil de la Providence divine, qui ſçait donner aux conditions les plus élevées leur contrepoids, cette grandeur que nous admirons de loin comme quelque choſe audeſſus de l'homme, touche moins quand on y eſt né, ou ſe confond elle-meſme dans ſon abondance; & qu'il ſe forme au contraire parmi les grandeurs une nouvelle ſenſibilité pour les déplaiſirs, dont le coup eſt d'autant plus rude, qu'on eſt moins préparé à le ſouſtenir.

Il eſt vray que les hommes apperçoivent moins cette malheureuſe délicateſſe dans les ames vertueuſes. On les croit inſenſibles, parce que non ſeulement elles ſçavent taire, mais encore ſacrifier leurs peines ſecrettes. Mais le Pere celeſte ſe plaiſt à les regarder dans ce ſecret; & comme il ſçait leur préparer leur croix, il y meſure auſſi leur récompenſe. Croyez-vous que la Reine puſt eſtre en repos dans ces fameuſes Campagnes qui nous apportoient coup ſur coup tant de ſurprenantes nouvelles? Non, MESSIEURS: elle eſtoit toûjours tremblante, parce qu'elle voyoit toûjours cette précieuſe vie dont la ſienne dépendoit, trop facilement hazardée. Vous avez veû ſes terreurs : vous parleray-je de ſes pertes, & de la mort de ſes chers enfants? Ils luy ont tous déchiré le cœur. Repreſentons-nous ce jeune Prince que les Graces ſembloient elles-meſmes avoir formé de leurs mains. Pardonnez-moy ces expreſſions. Il me ſemble que je voy encore tomber cette fleur. Alors triſte meſſager d'un évenement ſi funeſte, je fus auſſi le témoin, en voyant le Roy & la Reine, d'un coſté de la douleur la plus penetrante, & de l'autre des plaintes les plus lamentables; & ſous des formes differentes, je vis une affliction ſans meſure. Mais je vis auſſi des deux coftez la Foy également victorieufe ; je vis le sacrifice agréable de l'ame humiliée fous la main de Dieu, & deux victimes Royales immoler d'un commun accord leur propre cœur.

Pourray-je maintenant jetter les yeux fur la terrible menace du Ciel irrité, lors qu'il fembla fi long-temps vouloir fraper ce Dauphin mefme, noftre plus chere efperance ? Pardonnez-moy, MESSIEURS, pardonnez-moy, fi je renouvelle vos frayeurs. Il faut bien, & je puis le dire, que je me faffe à moy-mefme cette violence, puis que je ne puis montrer qu'à ce prix la conftance de la Reine. Nous vifmes alors dans cette Princeffe, au milieu des alarmes d'une Mere, la Foy d'une Chreftienne. Nous vifmes un Abraham preft à immoler Ifaac, & quelques traits de Marie quand elle offrit fon Jefus. Ne craignons point de le dire, puis qu'un Dieu ne s'eft fait homme que pour affembler autour de luy des exemples pour tous les états. La Reine pleine de foy ne fe propofe pas un moindre modele que Marie : Dieu luy rend auffi fon fils unique qu'elle luy offre d'un cœur dechiré, mais foumis, & veut que nous luy devions encore une fois un fi grand bien.

On ne fe trompe pas, CHRESTIENS, quand on attribuë tout à la Priere. Dieu qui l'infpire ne luy peut rien refufer. *Vn Roy*, dit David, *ne fe fauve pas par fes armées, & le puiffant ne fe fauve pas par fa valeur*. Ce n'eft pas auffi aux fages confeils qu'il faut attribuer les heureux fuccés. *Il s'éleve*, dit le Sage, *plufieurs penfées dans le cœur de l'homme* : reconnoiffez l'agitation & les penfées incertaines des confeils humains : *Mais*, pourfuit-il, *la volonté du Seigneur demeure ferme* ; & pendant que les hommes déliberent, il ne s'exécute que ce qu'il réfout. *Le terrible*, le Tout-puiffant, *qui ofte* quand il lui plaift, *l'efprit des Princes*, le leur laiffe auffi quand il veut, pour les confondre davantage, & les *prendre dans leurs propres finesses. Car il n'y a point de prudence, il n'y a point de sagesse, il n'y a point de conseil contre le Seigneur.* Les Machabées estoient vaillans ; & neanmoins il est écrit, qu'*ils combatoient par leurs prieres* plus que par leurs armes : *Per orationes congressi sunt* : asseûrez par l'exemple de Moïse, que les mains élevées à Dieu enfoncent plus de bataillons que celles qui frapent. Quand tout cedoit à Louis, & que nous crusmes voir revenir le temps des miracles, où les murailles tomboient au bruit des trompettes, tous les peuples jettoient les yeux sur la Reine, & croyoient voir partir de son Oratoire la foudre qui accabloit tant de villes.

Que si Dieu accorde aux prieres les prosperitez temporelles, combien plus leur accorde-t-il les vrais biens, c'est à dire, les vertus ? Elles sont le fruit naturel d'une ame unie à Dieu par l'Oraison. L'Oraison qui nous les obtient, nous apprend à les pratiquer, non seulement comme necessaires, mais encore comme reçeües *du Pere des lumieres, d'où descend sur nous tout don parfait* : & c'est là le comble de la perfection, parce que c'est le fondement de l'humilité. C'est ainsi que Marie Terese attira par la Priere toutes les vertus dans son ame. Dés sa premiere jeunesse elle fut dans les mouvemens d'une Cour alors assez turbulente la consolation & le seul soustien de la vieillesse infirme du Roy son pere. La Reine sa belle-mere, malgré ce nom odieux, trouva en elle non seulement un respect, mais encore une tendresse, que ni le temps, ni l'éloignement n'ont pû alterer. Aussi pleure-t-elle sans mesure, & ne veut point recevoir de consolation. Quel cœur, quel respect, quelle soumission n'a-t-elle pas eûë pour le Roy : toûjours vive pour ce Grand Prince, toûjours jalouse de sa gloire, uniquement attachée aux interefts de fon Etat, infatigable dans les voyages, & heureufe pourveû qu'elle fuft en fa compagnie; Femme enfin où Saint Paul auroit veû l'Eglife occupée de Jefus-Chrift, & unie à fes volontez par une éternelle complaifance? Si nous ofions demander au grand Prince qui luy rend icy avec tant de pieté les derniers devoirs, quelle Mere il a perduë, il nous répondroit par fes fanglots, & je vous diray en fon nom, ce que j'ay veû avec joye, ce que je répete avec admiration, que les tendreffes inexplicables de MARIE TERESE tendoient toutes à luy infpirer la Foy, la pieté, la crainte de Dieu, un attachement inviolable pour le Roy, des entrailles de mifericorde pour les malheureux, une immuable perfeverance dans tous fes devoirs, & tout ce que nous loûons dans la conduite de ce Prince. Parleray-je des bontez de la Reine tant de fois éprouvées par fes domeftiques, & feray-je retentir encore devant ces Autels les cris de fa Maifon defolée? Et vous, pauvres de Jefus-Chrift, pour qui feuls elle ne pouvoit endurer qu'on luy dift que fes trefors eftoient épuifez; vous premierement, pauvres volontaires, victimes de Jefus-Chrift, Religieux, vierges facrées, ames pures dont le monde n'eftoit pas digne; & vous, pauvres, quelque nom que vous portiez, pauvres connus, pauvres honteux, malades, impotens, eftropiez, *reftes d'hommes*, pour parler avec Saint Gregoire de Nazianze, car la Reine refpectoit en vous tous les caracteres de la Croix de Jefus-Chrift : vous donc qu'elle affiftoit avec tant de joye, qu'elle vifitoit avec de fi faints empreffemens, qu'elle fervoit avec tant de foy, heureufe de fe dépouïller d'une majefté empruntée, & d'adorer dans voftre baffeffe la glorieufe pauvreté de Jefus-Chrift : quel admirable panegyrique prononceriez-vous par vos gemiſſemens à la gloire de cette Princeſſe, s'il m'eſtoit permis de vous introduire dans cette auguſte Aſſemblée ? Recevez, Pere Abraham, dans voſtre ſein cette héritiere de voſtre Foy ; comme vous, ſervante des pauvres, & digne de trouver en eux, non plus des Anges, mais Jeſus-Chriſt meſme. Que diray-je davantage ? Écoutez tout en un mot : Fille, Femme, Mere, Maiſtreſſe, Reine telle que nos vœux l'auroient pû faire, plus que tout cela Chreſtienne, elle accomplit tous ſes devoirs ſans préſomption, & fut humble non ſeulement parmi toutes les grandeurs, mais encore parmi toutes les vertus.

J'expliqueray en peu de mots les deux autres noms que nous voyons écrits sur la colonne myſterieuſe de l'Apocalypſe, & dans le cœur de la Reine. Par le nom de la *ſainte Cité de Dieu la nouvelle Jeruſalem*, vous voyez bien, MESSIEURS, qu'il faut entendre le nom de l'Egliſe Catholique, Cité ſainte dont toutes *les pierres ſont vivantes*, dont Jeſus-Chriſt eſt le fondement ; qui *deſcend du Ciel* avec luy, parce qu'elle y eſt renfermée comme dans le Chef dont tous les membres reçoivent leur vie; Cité qui ſe répand par toute la terre, & s'éleve juſqu'aux Cieux pour y placer ſes citoyens. Au ſeul nom de l'Egliſe, toute la Foy de la Reine ſe réveilloit. Mais une vraye fille de l'Egliſe, non contente d'en embraſſer la ſainte doctrine, en aime les obſervances, où elle fait conſiſter la principale partie des pratiques exterieures de la pieté.

L'Egliſe inſpirée de Dieu, & inſtruite par les ſaints Apoſtres, a tellement diſpoſé l'année, qu'on y trouve avec la vie, avec les myſteres, avec la prédication & la doctrine de Jeſus-Chriſt, le vray fruit de toutes ces choſes dans les admirables vertus de ſes ſerviteurs, & dans les exemples de ſes Saints, & enfin, un myſterieux abregé de l'Ancien & du Nouveau Teftament & de toute l'Hiftoire Ecclefiaftique. Par là toutes les faifons font fructueufes pour les Chreftiens; tout y eft plein de Jefus-Chrift, qui eft toûjours *admirable*, felon le Prophete, & non feulement en luy-mefme, mais encore *dans fes Saints*. Dans cette varieté qui aboutit toute à l'unité fainte tant recommandée par Jefus-Chrift, l'ame innocente & pieufe trouve avec des plaifirs celeftes une folide nourriture, & un perpetuel renouvellement de fa ferveur. Les jeufnes y font meflez dans les temps convenables, afin que l'ame toûjours fujete aux tentations & au peché, s'affermiffe & fe purifie par la penitence. Toutes ces pieufes obfervances avoient dans la Reine l'effet bienheureux que l'Eglife mefme demande : elle fe renouvelloit dans toutes les Feftes, elle fe facrifioit dans tous les jeufnes, & dans toutes les abftinences. L'Efpagne fur ce fujet a des couftumes que la France ne fuit pas; mais la Reine fe rangea bientoft à l'obéïffance : l'habitude ne put rien contre la regle; & l'extréme exactitude de cette Princeffe marquoit la délicateffe de fa confcience. Quel autre a mieux profité de cette parole : *Qui vous écoute m'écoute ?* Jefus-Chrift nous y enfeigne cette excellente pratique de marcher dans les voyes de Dieu fous la conduite particuliere de fes ferviteurs qui exercent fon autorité dans fon Eglife. Les Confeffeurs de la Reine pouvoient tout fur elle dans l'exercice de leur miniftere, & il n'y avoit aucune vertu où elle ne puft eftre élevée par fon obéïffance. Quel refpect n'avoit-elle pas pour le Souverain Pontife Vicaire de Jefus-Chrift & pour tout l'Ordre Ecclefiaftique ? Mais fur tout, qui pourroit dire combien de larmes luy ont coufté ces divifions toûjours trop longues, & dont on ne peut demander la fin avec trop de gemiffemens ? Le nom mefme & l'ombre de divifion faifoit horreur à la Reine, comme à toute ame pieufe. Mais qu'on ne s'y trompe pas : le Saint Siege ne peut jamais oublier la France, ni la France manquer au Saint Siege. Et ceux qui pour leurs interefts particuliers, couverts, felon les maximes de leur politique, du prétexte de pieté, femblent voûloir irriter le Saint Siege contre un Royaume qui en a toûjours efté le principal fouftien fur la terre, doivent penfer : qu'une Chaire fi éminente, à qui Jefus-Chrift a tant donné, ne veut pas eftre flatée par les hommes, mais honorée felon la regle avec une foumiffion profonde; qu'elle eft faite pour attirer tout l'Univers à fon unité, & y rappeller à la fin tous les Herétiques; & que ce qui eft exceffif, loin d'eftre le plus attirant, n'eft pas mefme le plus folide ni le plus durable.

Avec le Saint nom de Dieu & avec le nom de la Cité fainte la nouvelle Jerufalem, je voy, MESSIEURS, dans le cœur de noftre pieufe Reine le nom nouveau du Sauveur. Quel eft, Seigneur, voftre nom nouveau, finon celuy que vous expliquez, quand vous dites, *Je fuis le pain de vie*; &, *Ma chair eft vrayment viande*; &, *Prenez, mangez, cecy eft mon Corps*? Ce nom nouveau du Sauveur eft celuy de l'Euchariftie, nom compofé de bien & de grace; qui nous montre dans cét adorable Sacrement une fource de mifericorde, un miracle d'amour, un mémorial & un abregé de toutes les graces, & le Verbe mefme tout changé en grace & en douceur pour fes Fideles. Tout eft nouveau dans ce myftere : c'eft le *nouveau Teftament* de noftre Sauveur, & on commence à y boire ce *vin nouveau* dont la celefte Jerufalem eft tranfportée. Mais pour le boire dans ce lieu de tentation & de peché, il s'y faut préparer par la penitence. La Reine frequentoit ces deux Sacremens avec une ferveur toûjours nouvelle. Cette humble

Princeſſe ſe ſentoit dans ſon état naturel quand elle eſtoit comme pechereſſe aux pieds d'un Preſtre, y attendant la miſericorde & la ſentence de Jeſus-Chriſt. Mais l'Euchariſtie eſtoit ſon amour : toûjours affamée de cette viande celeſte, & toûjours tremblante en la recevant, quoy-qu'elle ne puſt aſſez communier pour ſon deſir, elle ne ceſſoit de ſe plaindre humblement & modeſtement des Communions frequentes qu'on luy ordonnoit. Mais qui euſt pû refuſer l'Euchariſtie à l'innocence, & Jeſus-Chriſt à une foy ſi vive & ſi pure? La regle que donne Saint Auguſtin eſt de moderer l'uſage de la Communion quand elle tourne en dégouſt. Icy on voyoit toûjours une ardeur nouvelle, & cette excellente pratique de chercher dans la Communion la meilleure préparation, comme la plus parfaite action de graces pour la Communion meſme. Par ces admirables pratiques cette Princeſſe eſt venuë à ſa derniere heure ſans qu'elle euſt beſoin d'apporter à ce terrible paſſage une autre préparation que celle de ſa ſainte vie ; & les hommes toûjours hardis à juger les autres ſans épargner les Souverains, car on n'épargne que ſoy-meſme dans ſes jugemens, les hommes dis-je, de tous les états, & autant les gens de bien que les autres, on veû la Reine emportée avec une telle précipitation dans la vigueur de ſon âge, ſans eſtre en inquietude pour ſon ſalut. Apprenez donc, Chrestiens, & vous principalement qui ne pouvez vous accouſtumer à la penſée de la mort : en attendant que vous mépriſiez celle que Jeſus-Chriſt a vaincuë, ou meſme que vous aimiez celle qui met fin à nos pechez & nous introduit à la vraye vie ; apprenez à la deſarmer d'une autre ſorte, & embraſſez la belle pratique, où ſans ſe mettre en peine d'attaquer la mort, on n'a beſoin que de s'appliquer à ſanctifier ſa vie.

La France a veû de nos jours deux Reines plus unies encore par la pieté que par le fang, dont la mort également précieufe devant Dieu, quoy-qu'avec des circonftances differentes, a efté d'une finguliere édification à toute l'Eglife. Vous entendez bien que je veux parler d'ANNE D'AUSTRICHE, & de fa chere niece, ou plûtoft de fa chere fille MARIE TERESE. ANNE, dans un âge déja avancé, & MARIE TERESE dans fa vigueur, mais toutes deux d'une fi heureufe conftitution, qu'elle fembloit nous promettre le bonheur de les poffeder un fiecle entier, nous font enlevées contre noftre attente, l'une par une longue maladie, & l'autre par un coup imprévû. ANNE avertie de loin par un mal auffi cruel qu'irremediable, vit avancer la mort à pas lents, & fous la figure qui luy avoit toûjours paru la plus affreufe : MARIE TERESE auffitoft emportée que frapée par la maladie, fe trouve toute vive & toute entiere entre les bras de la mort fans prefque l'avoir envifagée. A ce fatal avertiffement ANNE pleine de foy ramaffe toutes les forces qu'un long exercice de la pieté luy avoit aquifes, & regarde fans fe troubler toutes les approches de la mort. Humiliée fous la main de Dieu elle luy rend graces de l'avoir ainfi avertie ; elle multiplie fes aumofnes toûjours abondantes; elle redouble fes dévotions toûjours affiduës; elle apporte de nouveaux foins à l'examen de fa confcience toûjours rigoureux. Avec quel renouvellement de foy & d'ardeur luy vifmes-nous recevoir le faint Viatique? Dans de femblables actions, il ne fallut à MARIE TERESE que fa ferveur ordinaire : fans avoir befoin de la mort pour exciter fa pieté, fa pieté s'excitoit toûjours affez elle-mefme, & prenoit dans fa propre force un continuel accroiffement. Que dironsnous, CHRESTIENS, de ces deux Reines? Par l'une Dieu nous apprit comment il faut profiter du temps, & l'autre nous a fait voir que la vie vrayment Chreſtienne n'en a pas beſoin. En effet, CHRESTIENS, qu'attendons-nous ? Il n'eſt pas digne d'un Chreſtien de ne s'évertuer contre la mort qu'au moment qu'elle ſe préſente pour l'enlever. Un chreſtien toûjours attentif à combattre ſes paſſions *meurt tous les jours* avec l'Apoſtre : *Quotidie morior*. Un Chreſtien n'eſt jamais vivant ſur la terre, parce qu'il y eſt toûjours mortifié, & que la mortification eſt un eſſay, un apprentiſſage, un commencement de la mort. Vivons-nous, CHRESTIENS, vivons-nous ? Cét âge que nous comptons, & où tout ce que nous comptons n'eſt plus à nous, eſt-ce une vie : & pouvons-nous n'appercevoir pas ce que nous perdons ſans ceſſe avec les années ? Le repos & la nourriture ne ſont-ils pas de foibles remedes de la continuelle maladie qui nous travaille ? Et celle que nous appellons la derniere, qu'eſt-ce autre choſe, à le bien entendre, qu'un redoublement, & comme le dernier accés du mal que nous apportons au monde en naiſſant ? Quelle ſanté nous couvroit la mort que la Reine portoit dans le ſein ? De combien prés la menace a-t-elle eſté ſuivie du coup ? Et où en eſtoit cette grande Reine avec toute la Majeſté qui l'environnoit, ſi elle euſt eſté moins préparée ? Tout d'un coup on voit arriver le moment fatal, où la terre n'a plus rien pour elle que des pleurs. Que peuvent tant de fideles domeſtiques empreſſez autour de ſon lit ? Le Roy meſme que pouvoit-il, luy, MESSIEURS, luy qui ſuccomboit à la douleur avec toute ſa puiſſance & tout ſon courage ? Tout ce qui environne ce Prince, l'accable. Monſieur, Madame venoient partager ſes déplaiſirs, & les augmentoient par les leurs. Et vous MONSEIGNEUR, que pouviez-vous que de luy percer le cœur par vos ſanglots? Il l'avoit assez percé par le tendre ressouvenir d'un amour qu'il trouvoit toûjours également vif aprés vingt-trois ans écoulez. On en gemit, on en pleure; voilà ce que peut la terre pour une Reine si cherie : voilà ce que nous avons à luy donner, des pleurs, des cris inutiles. Je me trompe, nous avons encore des prieres; nous avons ce saint Sacrifice, rafraichissement de nos peines, expiation de nos ignorances, & des restes de nos pechez. Mais songeons que ce Sacrifice d'une valeur infinie, où toute la Croix de Jesus est renfermée, ce Sacrifice seroit inutile à la Reine, si elle n'avoit merité par sa bonne vie que l'effet en pust passer jusqu'à elle : autrement, dit Saint Augustin, qu'opere un tel Sacrifice? Nul soulagement pour les morts; une foible consolation pour les vivans. Ainsi tout le salut vient de cette vie, dont la fuite précipitée nous trompe toûjours. *Je viens*, dit Jesus-Christ, *comme un voleur*. Il a fait selon sa parole; il est venu surprendre la Reine dans le temps que nous la croyions la plus saine, dans le temps qu'elle se trouvoit la plus heureuse. Mais c'est ainsi qu'il agit : il trouve pour nous tant de tentations & une telle malignité dans tous les plaisirs, qu'il vient troubler les plus innocens dans ses Eleûs. Mais il vient, dit-il, *comme un voleur*, toûjours surprenant, & impenetrable dans ses démarches. C'est luy-mesme qui s'en glorifie dans toute son Ecriture. Comme un voleur, direz-vous, indigne comparaison! N'importe, qu'elle soit indigne de luy, pourveû qu'elle nous effraye, & qu'en nous effrayant elle nous sauve. Tremblons donc, CHRESTIENS, tremblons devant luy à chaque moment; car qui pourroit ou l'éviter quand il éclate, ou le découvrir quand il se cache? *Ils mangeoient*, dit-il, *ils beuvoient, ils achetoient, ils vendoient, ils plantoient, ils baſtiſſoient, ils faiſoient des Mariages aux jours de Noé & aux jours de Loth*, & une ſubite ruine les vint accabler. Ils mangeoient, ils beuvoient, ils ſe marioient. C'eſtoit des occupations innocentes : que ſera-ce quand en contentant nos impudiques deſirs, en aſſouviſſant nos vengeances & nos ſecrettes jalouſies, en accumulant dans nos coffres des treſors d'iniquité ſans jamais vouloir ſeparer le bien d'autruy d'avec le noſtre, trompez par nos plaiſirs, par nos jeux, par noſtre ſanté, par noſtre jeuneſſe, par l'heureux ſuccés de nos affaires, par nos flateurs parmi leſquels il faudroit peut-eſtre compter des Directeurs infideles que nous avons choiſis pour nous ſéduire, & enfin par nos fauſſes penitences qui ne ſont ſuivies d'aucun changement de nos mœurs, nous viendrons tout-à-coup au dernier jour. La ſentence partira d'enhaut : *La fin eſt venuë, la fin eſt venuë. Finis venit, venit finis. La fin eſt venuë ſur vous. Nunc finis ſuper te* : tout va finir pour vous en ce moment. Tranchez, *concluez. Fac concluſionem.* Frapez l'arbre infructueux qui n'eſt plus bon que pour le feu : *Coupez l'arbre, arrachez ſes branches, ſecoüez ſes feuïlles, abbatez ſes fruits* : périſſe par un ſeul coup tout ce qu'il avoit avec luy-meſme. Alors s'éleveront des frayeurs mortelles, & des grincemens de dents, préludes de ceux de l'enfer. Ha, mes freres, n'attendons pas ce coup terrible ! Le glaive qui a tranché les jours de la Reine eſt encore levé ſur nos teſtes ; nos pechez en ont affilé le tranchant fatal. *Le glaive que je tiens en main, dit le Seigneur noſtre Dieu, eſt aiguiſé & poli : il eſt aiguiſé, afin qu'il perce ; il eſt poli & limé, afin qu'il brille.* Tout l'Univers en voit le brillant éclat. Glaive du Seigneur, quel coup vous venez de faire ! Toute la terre en eſt étonnée. Mais que nous ſert ce brillant qui nous étonne, ſi nous ne prévenons le coup qui tranche? Prévenons-le, Chrestiens, par la penitence. Qui pourroit n'eſtre pas émeû à ce ſpectable? Mais ces émotions d'un jour qu'operent-elles? Un dernier endurciſſement, parce qu'à force d'eſtre touché inutilement, on ne ſe laiſſe plus toucher d'aucun objet. Le ſommes-nous des maux de la Hongrie & de l'Auſtriche ravagées? Leurs habitans paſſez au fil de l'épée, & ce ſont encore les plus heureux; la captivité entraiſne bien d'autres maux & pour le corps & pour l'ame : ces habitans deſolez ne ſont-ce pas des Chreſtiens & des Catholiques, nos freres, nos propres membres, enfans de la meſme Egliſe, & nourris à la meſme table du pain de vie? Dieu accomplit ſa parole : *Le jugement commence par ſa maiſon*, & le reſte de la maiſon ne tremble pas! Chrestiens, laiſſez-vous flechir, faites penitence, apaiſez Dieu par vos larmes. Ecoutez la pieuſe Reine qui parle plus haut que tous les Prédicateurs. Ecoutez-la, Princes; écoutez-la, peuples; écoutez-la, Monseigneur, plus que tous les autres. Elle vous dit par ma bouche & par une voix qui vous eſt connuë, que la grandeur eſt un ſonge, la joye une erreur, la jeuneſſe une fleur qui tombe, & la ſanté un nom trompeur. Amaſſez donc les biens qu'on ne peut perdre. Preſtez l'oreille aux graves diſcours que Saint Gregoire de Nazianze adreſſoit aux Princes & à la Maiſon regnante. *Reſpectez*, leur diſoit-il, *voſtre pourpre, reſpectez voſtre puiſſance qui vient de Dieu, & ne l'employez que pour le bien. Connoiſſez ce qui vous a eſté confié, & le grand myſtere que Dieu accomplit en vous. Il ſe réſerve à luy ſeul les choſes d'en-haut; il partage avec vous celles d'embas : montrez-vous Dieux aux peuples ſoumis*, en imitant la bonté & la munificence divine. C'eſt, Monseigneur, ce que vous demandent ces empreſſemens de tous les peuples, ces perpetuels applaudiſſemens & tous ces regards qui vous ſuivent. Démandez à Dieu avec Salomon, la Sageſſe qui vous rendra digne de l'amour des peuples & du Thrône de vos Anceſtres ; & quand vous ſongerez à vos devoirs, ne manquez pas de conſiderer à quoy vous obligent les immortelles actions de Louis le Grand & l'incomparable pieté de Marie Terese.

EXTRAIT DV PRIVILEGE.

Par Lettres Patentes du Roy données à Chaville le 12. Aouſt 1682. ſignées Jonquieres, & ſcellées du grand Sceau de cire jaune, il eſt permis à Meſſire Jacques Benigne Bossuet Eveſque de Meaux, Conſeiller du Roy en ſes Conſeils, cy-devant Précepteur de Monſeigneur le Dauphin, premier Aumoſnier de Madame la Dauphine, de faire imprimer par tel Imprimeur qu'il voudra choiſir, en telle forme & de tel caractere qu'il trouvera bon, *tous les Livres qu'il aura compoſez, ou qu'il jugera à propos de faire imprimer pour l'utilité publique*, & ce pendant vingt années, à compter du jour que chacun deſdits ouvrages ſera achevé d'imprimer. Fait Sa Majeſté tres-expreſſes défenſes à tous Imprimeurs ou Libraires autres que celuy qui aura eſté choiſi par ledit Seigneur Eveſque, & à toutes perſonnes, de quelque qualité ou condition qu'elles ſoient, d'imprimer ou faire imprimer leſdits Livres, ſous quelque prétexte que ce ſoit, meſme de traduction, à peine de ſix mille livres d'amende, payable ſans déport par chacun des contrevenans, de confiſcation des exemplaires contrefaits, & de tous dépens, dommages & intereſts, comme il eſt porté plus amplement par leſdites Lettres.

Regiſtré ſur le Livre de la Communauté des Imprimeurs & Libraires de Paris, le dix-ſeptiéme Aouſt mil ſix cens quatre-vingts-deux. Signé, C. Angot, Sindic.

L'Oraiſon Funébre de la Reine a eſté achevée d'imprimer le 12. Octobre 1683.

ORAISON FUNEBRE

DE TRES-HAUTE

ET TRES-PUISSANTE PRINCESSE

ANNE DE GONZAGUE

DE CLEVES

PRINCESSE PALATINE

Prononcée en préfence de Monseigneur le Duc,
de Madame la Duchesse, *& de* Monseigneur le Duc de Bourbon,
dans l'Eglife des Carmelites du Fauxbourg Saint Jacques,
le 9. Aouſt *1685.*

Par Messire Jacques Benigne BOSSUET
Evefque de Meaux,
Confeiller du Roy en fes Confeils,
Cy-devant Précepteur de Monfeigneur le Dauphin, Premier Aumofnier
de Madame la Dauphine.

A PARIS

Par Sebastien MABRE-CRAMOISY
IMPRIMEUR DU ROY
M. DC. LXXXV.
Avec Privilege de Sa Maiefté

ORAISON FUNEBRE
D'ANNE DE GONZAGUE
DE CLEVES
PRINCESSE PALATINE

Apprehendi te ab extremis terræ, & à longinquis ejus vocavi te : elegi te, & non abjeci te : ne timeas, quia ego tecum sum.

Je t'ay pris par la main, pour te ramener des extrémitez de la terre : je t'ay appellé des lieux les plus éloignez : je t'ay choisi, & je ne t'ay pas rejetté : ne crains point, parce que je suis avec toy. *C'est Dieu mesme qui parle ainsi.* Isaiæ XLI. 9. 10.

MONSEIGNEUR,

E voudrois que toutes les ames éloignées de Dieu; que tous ceux qui se persuadent qu'on ne peut se vaincre soy-mesme, ni soûtenir sa constance parmi les combats & les douleurs; tous ceux enfin qui desesperent de leur conversion ou de leur perseverance, fussent presents à cette assemblée. Ce discours leur feroit connoitre, qu'une ame fidele à la grace, malgré les obstacles les plus invincibles, s'éleve à la perfection la plus éminente. La Princesse à qui nous rendons les derniers devoirs, en recitant selon sa coutume l'office divin, lisoit les paroles d'Isaïe, que j'ay rapportées. Qu'il est beau de méditer l'Ecriture sainte; & que Dieu y sçait bien parler, non seulement à toute l'Eglise, mais encore à chaque fidele selon ses besoins! Pendant qu'elle méditoit ces paroles (c'est elle-mesme qui le raconte dans une lettre admirable) Dieu luy imprima dans le cœur, que c'estoit à elle qu'il les adressoit. Elle crut entendre une voix douce & paternelle qui luy disoit : *Je t'ay ramenée des extrémitez de la terre, des lieux les plus éloignez;* des voyes détournées, où tu te perdois, abandonnée à ton propre sens, si loin de la celeste patrie, & de la veritable voye qui est Jesus-Christ. Pendant que tu disois en ton cœur rebelle; Je ne puis me captiver; j'ay mis sur toy ma puissante main; *& j'ay dit, Tu seras ma servante : je t'ay choisie* dés l'éternité, *& je n'ay pas rejetté* ton ame superbe & dédaigneuse. Vous voyez par quelles paroles Dieu luy fait sentir l'état d'où il l'a tirée. Mais écoutez, comment il l'encourage parmi les dures épreuves, où il met sa patience : *Ne crains point* au milieu des maux dont tu te sens accablée, *parce que je suis ton Dieu* qui te fortifie : *ne te détourne pas de la voye* où je t'engage, *puisque je suis avec toy* : jamais je ne cesseray de te secourir, *& le juste que j'envoye au monde,* ce Sauveur misericordieux, ce Pontife compatissant, *te tient par la main : Tenebit te dextera justi mei.* Voilà, Messieurs, le passage entier du saint Prophete Isaïe, dont je n'avois recité que les premieres paroles. Puis-je mieux vous representer les conseils de Dieu sur cette Princesse, que par des paroles dont il s'est servi pour

luy expliquer les secrets de ces admirables conseils ?
Venez maintenant, pécheurs, quels que vous soyiez,
en quelques régions écartées que la tempeste de vos
passions vous ait jettez; fussiez-vous dans ces terres téné-
breuses dont il est parlé dans l'Ecriture, & dans l'ombre
de la mort : s'il vous reste quelque pitié de vostre ame
malheureuse, venez voir d'où la main de Dieu a retiré
la Princesse Anne, venez voir où la main de Dieu l'a
élevée. Quand on voit de pareils exemples dans une
Princesse d'un si haut rang; dans une Princesse qui fut
niece d'une Imperatrice & unie par ce lien à tant
d'Empereurs, sœur d'une puissante Reine, épouse d'un
fils de Roy, mere de deux grandes Princesses, dont
l'une est un ornement dans l'auguste Maison de
France, & l'autre s'est fait admirer dans la puissante
Maison de Brunsvic; enfin dans une Princesse, dont le
mérite passe la naissance, encore que sortie d'un pere
& de tant d'ayeux Souverains, elle ait réüni en elle
avec le sang de Gonzague & de Cleves, celuy des
Paleologues, celuy de Lorraine, & celuy de France
par tant de costez : quand Dieu joint à ces avantages
une égale réputation, & qu'il choisit une personne
d'un si grand éclat pour estre l'objet de son éternelle
misericorde, il ne se propose rien moins, que d'instruire
tout l'univers. Vous donc qu'il assemble en ce saint
lieu ; & vous principalement, pécheurs, dont il attend
la conversion avec une si longue patience, n'endurcis-
sez pas vos cœurs : ne croyez pas qu'il vous soit permis d'apporter seulement à ce discours des oreilles
curieuses. Toutes les vaines excuses, dont vous cou-
vrez vostre impenitence, vous vont estre ostées. Ou la
Princesse Palatine portera la lumiere dans vos yeux;
ou elle fera tomber, comme un deluge de feu, la vangeance de Dieu sur vos testes. Mon discours, dont vous

vous croyez peut-eftre les juges, vous jugera au dernier jour : ce fera fur vous un nouveau fardeau, comme parloient les Prophetes : *Onus verbi Domini fuper Ifraël;* & fi vous n'en fortez plus chreftiens, vous en fortirez plus coupables. Commençons donc avec confiance l'œuvre de Dieu. Apprenons avant toutes chofes à n'eftre pas éblouïs du bonheur qui ne remplit pas le cœur de l'homme ; ni des belles qualitez, qui ne le rendent pas meilleur ; ni des vertus, dont l'enfer eft rempli, qui nourriffent le peché & l'impenitence, & qui empefchent l'horreur falutaire, que l'ame pechereffe auroit d'elle-mefme. Entrons encore plus profondément dans les voyes de la Divine Providence, & ne craignons pas de faire paroiftre noftre Princeffe dans les états différens où elle a efté. Que ceux-là craignent de découvrir les defauts des ames faintes, qui ne fçavent pas combien eft puiffant le bras de Dieu, pour faire fervir ces defauts non feulement à fa gloire, mais encore à la perfection de fes Eleûs. Pour nous, mes Freres, qui fçavons à quoy ont fervi à Saint Pierre fes reniemens, à Saint Paul les perfecutions qu'il a fait fouffrir à l'Eglife, à Saint Auguftin fes erreurs, à tous les Saints Penitens leurs pechez : ne craignons pas de mettre la Princeffe Palatine dans ce rang, ni de la fuivre jufques dans l'incredulité où elle eftoit enfin tombée. C'eft de là que nous la verrons fortir pleine de gloire & de vertu, & nous benirons avec elle la main qui l'a relevée : heureux, fi la conduite que Dieu tient fur elle, nous fait craindre la juftice, qui nous abandonne à nous-mefmes, & defirer la mifericorde, qui nous en arrache. C'eft ce que demande de vous, Très-Haute et Tres-Puissante Princesse, Anne de Gonzague de Cleves, Princesse de Mantoue et de Montferrat, et Comtesse Palatine du Rhin.

Jamais plante ne fut cultivée avec plus de foin, ni ne se vit plûtoſt couronnée de fleurs & de fruits que la Princeſſe Anne. Dés ſes plus tendres années elle perdit ſa pieuſe mere, Catherine de Lorraine. Charles Duc de Nevers, & depuis Duc de Mantoûë ſon pere, luy en trouva une digne d'elle; & ce fut la venerable Mere Françoiſe de la Chaſtre, d'heureuſe & ſainte memoire, Abbeſſe de Faremonſtier, que nous pouvons appeller la reſtauratrice de la Regle de Saint Benoiſt, & la lumiere de la vie Monaſtique. Dans la ſolitude de Sainte Fare, autant éloignée des voyes du ſiecle, que ſa bienheureuſe ſituation la ſépare de tout commerce du monde : dans cette ſainte montagne, que Dieu avoit choiſie depuis mille ans; où les Epouſes de Jesus-Christ faiſoient revivre la beauté des anciens jours; où les joyes de la terre eſtoient inconnuës; où les veſtiges des hommes du monde, des curieux & des vagabonds ne paroiſſoient pas : ſous la conduite de la ſainte Abbeſſe, qui ſçavoit donner le lait aux enfans, auſſi-bien que le pain aux forts, les commencemens de la Princeſſe Anne eſtoient heureux. Les Myſteres luy furent révélez : l'Ecriture luy devint familiere : on luy avoit appris la langue Latine, parce que c'eſtoit celle de l'Egliſe; & l'office divin faiſoit ſes délices. Elle aimoit tout dans la vie religieuſe, juſqu'à ſes auſteritez & ſes humiliations; & durant douze ans, qu'elle fut dans ce Monaſtere, on luy voyoit tant de modeſtie & tant de ſageſſe, qu'on ne ſçavoit à quoy elle eſtoit le plus propre, ou à commander, ou à obéïr. Mais la ſage Abbeſſe qui la crut capable de ſouſtenir ſa réforme, la deſtinoit au gouvernement : & déja on la contoit parmi les Princeſſes qui avoient conduit cette célébre Abbaye, quand ſa famille trop empreſſée à éxécuter ce pieux projet, le rompit. Nous ſera-t-il permis de le dire ? La

Princesse Marie, pleine alors de l'esprit du monde, croyoit, selon la coustume des grandes Maisons, que ses jeunes sœurs devoient estre sacrifiées à ses grands desseins. Qui ne sçait, où son rare mérite & son éclatante beauté, avantage toûjours trompeur, luy firent porter ses espérances ? Et d'ailleurs dans les puissantes Maisons, les partages ne sont-ils pas regardez comme une espece de dissipation, par où elles se détruisent d'elles-mesmes : tant le neant y est attaché ! La Princesse Benedicte, la plus jeune des trois sœurs, fut la premiere immolée à ces interests de famille. On la fit Abbesse, sans que dans un âge si tendre elle sceust ce qu'elle faisoit ; & la marque d'une si grave dignité fut comme un joûet entre ses mains. Un sort semblable estoit destiné à la Princesse Anne. Elle eust pû renoncer à sa liberté, si on luy eust permis de la sentir ; & il eust fallu la conduire, & non pas la précipiter dans le bien. C'est ce qui renversa tout-à-coup les desseins de Faremonstier. Avenai parut avoir un air plus libre, & la Princesse Benedicte y presentoit à sa sœur une retraite agréable. Quelle merveille de la grace ! Malgré une vocation si peu reguliere, la jeune Abbesse devint un modele de vertu. Ses douces conversations rétablirent dans le cœur de la Princesse Anne, ce que d'importuns empressemens en avoient banni. Elle prestoit de nouveau l'oreille à Dieu qui l'appelloit avec tant d'attraits à la vie Religieuse ; & l'asile qu'elle avoit choisi pour défendre sa liberté, devint un piege innocent pour la captiver. On remarquoit dans les deux Princesses, la mesme noblesse dans les sentimens ; le mesme agrément, & si vous me permettez de parler ainsi, les mesmes insinuations dans les entretiens : au dedans les mesmes desirs, au dehors les mesmes graces ; & jamais sœurs ne furent unies par des liens, ni si doux, ni si puissans.

Leur vie euſt eſté heureuſe dans leur éternelle union, & la Princeſſe Anne n'aſpiroit plus qu'au bonheur d'eſtre une humble Religieuſe d'une ſœur dont elle admiroit la vertu. En ce temps le Duc de Mantouë leur pere mourut : les affaires les appellerent à la Cour : la Princeſſe Benedicte qui avoit ſon partage dans le Ciel, fut jugée propre à concilier les intereſts différens dans la famille. Mais, ô coup funeſte pour la Princeſſe Anne ! la pieuſe Abbèſſe mourut dans ce beau travail, & dans la fleur de ſon âge. Je n'ay pas beſoin de vous dire combien le cœur tendre de la Princeſſe Anne fut profondément bleſſé par cette mort. Mais ce ne fut pas-là ſa plus grande playe. Maiſtreſſe de ſes deſirs, elle vit le monde ; elle en fut veûë : bientoſt elle ſentit qu'elle plaiſoit ; & vous ſçavez le poiſon ſubtil, qui entre dans un jeune cœur avec ces penſées. Ces beaux deſſeins furent oubliez. Pendant que tant de naiſſance, tant de biens, tant de graces qui l'accompagnoient, luy attiroient les regards de toute l'Europe, le Prince Edouard de Baviere, fils de l'Electeur Frideric V. Comte Palatin du Rhin, & Roy de Boheme, jeune Prince qui s'eſtoit réfugié en France durant les malheurs de ſa Maiſon, la merita. Elle préféra aux richeſſes les vertus de ce Prince, & cette noble alliance, où de tous coſtez on ne trouvoit que des Rois. La Princeſſe Anne l'invite à ſe faire inſtruire : il connut bientoſt les erreurs, où les derniers de ſes Peres, déſerteurs de l'ancienne foy, l'avoient engagé. Heureux préſages pour la Maiſon Palatine ! Sa converſion fut ſuivie de celle de la Princeſſe Louise ſa ſœur, dont les vertus font éclater par toute l'Egliſe la gloire du ſaint Monaſtere de Maubuiſſon ; & ces bien-heureuſes prémices ont attiré une telle bénédiction ſur la Maiſon Palatine, que nous la voyons enfin Catholique dans ſon chef. Le mariage de la Princesse Anne fut un heureux commencement d'un si grand ouvrage. Mais hélas! tout ce qu'elle aimoit devoit estre de peu de durée. Le Prince son époux luy fut ravi, & luy laissa trois Princesses, dont les deux qui restent pleurent encore la meilleure mere qui fut jamais, & ne trouvent de consolation que dans le souvenir de ses vertus. Ce n'est pas encore le temps de vous en parler. La Princesse Palatine est dans l'état le plus dangereux de sa vie. Que le monde voit peu de ces veuves, dont parle Saint Paul, qui *vraiment veuves & desolées*, s'ensevelissent, pour ainsi dire, elles-mesmes dans le tombeau de leur époux; y enterrent tout amour humain avec ces cendres chéries; & délaissées sur la terre, *mettent leur esperance en Dieu, & passent les nuits & les jours dans la priere!* Voilà l'état d'une veuve Chrestienne, selon les preceptes de Saint Paul : état oublié parmi nous, où la viduité est regardée, non plus comme un état de désolation, car ces mots ne sont plus connus, mais comme un état desirable, où affranchi de tout joug on n'a plus à contenter que soy-mesme : sans songer à cette terrible sentence de Saint Paul : *La veuve qui passe sa vie dans les plaisirs*; remarquez qu'il ne dit pas, la veuve qui passe sa vie dans les crimes; il dit, *la veuve qui la passe dans les plaisirs; elle est morte toute vive :* parce qu'oubliant le deuïl éternel & le caractere de desolation, qui fait le soustien comme la gloire de son état, elle s'abandonne aux joyes du monde. Combien donc en devroit-on pleurer comme mortes des ces veuves jeunes & riantes, que le monde trouve si heureuses! Mais sur tout, quand on a connu Jesus-Christ, & qu'on a eû part à ses graces; quand la lumiere divine s'est découverte, & qu'avec des yeux illuminez on se jette dans les voyes du siecle : qu'arrive-t-il à une ame qui tombe d'un si

haut état, qui renouvelle contre Jesus-Christ, &
encore contre Jesus-Christ connu & gouſté, tous les
outrages des Juifs, & le crucifie encore une fois? Vous
reconnoiſſez le langage de Saint Paul. Achevez donc,
grand Apoſtre, & dites-nous ce qu'il faut attendre d'une
chûte ſi déplorable. *Il eſt impoſſible*, dit-il, *qu'une telle*
ame ſoit renouvellée par la penitence. Impoſſible :
quelle parole! ſoit, Messieurs, qu'elle ſignifie, que la
converſion de ces ames autrefois ſi favoriſées, ſurpaſſe
toute la meſure des dons ordinaires, & demande, pour
ainſi parler, le dernier effort de la puiſſance divine :
ſoit que l'impoſſibilité dont parle Saint Paul veuille
dire, qu'en effet il n'y a plus de retour à ces premieres
douceurs qu'a gouſtées une ame innocente, quand elle
y a renoncé avec connoiſſance ; de ſorte qu'elle ne
peut rentrer dans la grace, que par des chemins difficiles & avec des peines extrémes. Quoy qu'il en ſoit,
Chrestiens, l'un & l'autre s'eſt vérifié dans la Princeſſe
Palatine. Pour la plonger entierement dans l'amour du
monde, il falloit ce dernier malheur : quoy ? la faveur
de la Cour. La Cour veut toûjours unir les plaiſirs avec
les affaires. Par un mélange étonnant, il n'y a rien de
plus ſerieux ni enſemble de plus enjoûé. Enfoncez :
vous trouvez par tout des intereſts cachez, des jalouſies
délicates qui cauſent une extréme ſenſibilité, & dans
une ardente ambition, des ſoins & un ſerieux auſſi
triſte qu'il eſt vain. Tout eſt couvert d'un air gay, &
vous diriez qu'on ne ſonge qu'à s'y divertir. Le génie
de la Princeſſe Palatine ſe trouva également propre
aux divertiſſemens & aux affaires. La Cour ne vit
jamais rien de plus engageant ; & ſans parler de ſa
pénétration, ni de la fertilité infinie de ſes expediens,
tout cedoit au charme ſecret de ſes entretiens. Que
vois-je durant ce temps! Quel trouble! Quel affreux

spectacle se presente icy à mes yeux! La Monarchie ébranlée jusqu'aux fondemens, la guerre civile, la guerre étrangere, le feu au dedans & au dehors; les remedes de tous costez plus dangereux que les maux: les Princes arrestez avec grand peril, & delivrez avec un peril encore plus grand: ce Prince, que l'on regardoit comme le heros de son siecle, rendu inutile à sa patrie dont il avoit esté le soustien; & ensuite, je ne sçay comment; contre sa propre inclination, armé contre elle: un Ministre persecuté, & devenu necessaire, non-seulement par l'importance de ses services, mais encore par ses malheurs, où l'autorité souveraine estoit engagée. Que diray-je? Estoit-ce-là de ces tempestes, par où le Ciel a besoin de se décharger quelquefois; & le calme profond de nos jours devoit-il estre précedé par de tels orages? Ou bien estoit-ce les derniers efforts d'une liberté remuante, qui alloit ceder la place à l'autorité legitime? Ou bien estoit-ce comme un travail de la France preste à enfanter le regne miraculeux de Louis? Non, non: c'est Dieu, qui vouloit montrer qu'il donne la mort, & qu'il ressuscite; qu'il plonge jusqu'aux enfers, & qu'il en retire; qu'il secoüe la terre, & la brise; & qu'il guerit en un moment toutes ses brisures. Ce fut-là que la Princesse Palatine signala sa fidelité, & fit paroistre toutes les richesses de son esprit. Je ne dis rien qui ne soit connu. Toûjours fidele à l'Estat & à la grande Reine ANNE D'AUSTRICHE, on sçait qu'avec le secret de cette Princesse, elle eut encore celuy de tous les partis: tant elle estoit pénétrante, tant elle s'attiroit de confiance, tant il luy estoit naturel de gagner les cœurs! Elle déclaroit aux chefs des partis jusqu'où elle pouvoit s'engager; & on la croyoit incapable, ni de tromper, ni d'estre trompée. Mais son caractere particulier estoit de concilier les interests opposez,

& en s'élevant au deſſus, de trouver le ſecret endroit, & comme le nœud par où on les peut réünir. Que luy ſervirent ſes rares talens ? Que luy ſervit d'avoir mérité la confiance intime de la Cour ? d'en ſouſtenir le Miniſtre deux fois éloigné, contre ſa mauvaiſe fortune, contre ſes propres frayeurs, contre la malignité de ſes ennemis, & enfin contre ſes amis ou partagez, ou irréſolus, ou infideles ? Que ne luy promit-on pas dans ces beſoins ? Mais quel fruit luy en revint-il, ſinon de connoiſtre par experience le foible des grands Politiques ; leurs volontez changeantes, ou leurs paroles trompeuſes ; la diverſe face des temps ; les amuſemens des promeſſes ; l'illuſion des amitiez de la terre qui s'en vont avec les années & les intereſts ; & la profonde obſcurité du cœur de l'homme, qui ne ſçait jamais ce qu'il voudra, qui ſouvent ne ſçait pas bien ce qu'il veut, & qui n'eſt pas moins caché ni moins trompeur à luy-meſme qu'aux autres ? O éternel Roy des ſiecles, qui poſſedez ſeul l'immortalité, voilà ce qu'on vous préfere ; voilà ce qui éblouït les ames qu'on appelle grandes ! Dans ces déplorables erreurs, la Princeſſe Palatine avoit les vertus que le monde admire, & qui font qu'une ame ſéduite s'admire elle-meſme : inébranlable dans ſes amitiez, & incapable de manquer aux devoirs humains. La Reine ſa sœur en fit l'épreuve dans un temps où leurs cœurs eſtoient deſunis. Un nouveau conquerant s'éleve en Suede. On y voit un autre Guſtave non moins fier, ni moins hardi, ou moins belliqueux que celuy dont le nom fait encore trembler l'Allemagne. Charles Guſtave parut à la Pologne ſurpriſe & trahie, comme un lion qui tient ſa proye dans ſes ongles tout preſt à la mettre en pieces. Qu'eſt devenuë cette redoutable cavalerie qu'on voit fondre ſur l'ennemi avec la viteſſe d'un aigle ? Où ſont ces ames guerrieres, ces marteaux d'armes tant vantez, & ces arcs qu'on ne vit jamais tendus en vain ? Ni les chevaux ne font viftes, ni les hommes ne font adroits, que pour fuir devant le vainqueur. En mefme temps, la Pologne fe voit ravagée par le rebelle Cofaque, par le Mofcovite infidele, & plus encore par le Tartare, qu'elle appelle à fon fecours dans fon defefpoir. Tout nage dans le fang, & on ne tombe que fur des corps morts. La Reine n'a plus de retraite ; elle a quitté le Royaume : aprés de courageux, mais de vains efforts, le Roy eft contraint de la fuivre : réfugiez dans la Silefie, où ils manquent des chofes les plus néceffaires, il ne leur refte qu'à confidérer de quel cofté alloit tomber ce grand arbre ébranlé par tant de mains & frapé de tant de coups à fa racine, ou qui en enleveroit les rameaux épars. Dieu en avoit difpofé autrement. La Pologne eftoit néceffaire à fon Eglife, & luy devoit un vangeur. Il la regarde en pitié. Sa main puiffante ramene en arriere le Suedois indomté, tout fremiffant qu'il eftoit. Il fe vange fur le Danois dont la foudaine invafion l'avoit rappellé, & déja il l'a réduit à l'extrémité. Mais l'Empire & la Hollande fe remuent contre un conquerant, qui menaçoit tout le Nort de la fervitude. Pendant qu'il raffemble de nouvelles forces, & médite de nouveaux carnages, Dieu tonne du plus haut des cieux : le redouté capitaine tombe au plus beau temps de fa vie, & la Pologne eft délivrée. Mais le premier rayon d'efpérance vint de la Princeffe Palatine : honteufe de n'envoyer que cent mille livres au Roy & à la Reine de Pologne, elle les envoye du moins avec une incroyable promptitude. Qu'admira-t-on davantage, ou de ce que ce fecours vint fi à propos, ou de ce qu'il vint d'une main dont on ne l'attendoit pas, ou de ce que fans chercher d'excufe dans le mauvais eftat où fe trouvoient fes affaires, la Princeffe Palatine s'ofta tout pour foulager une fœur qui ne l'aimoit pas ? Les deux Princeffes ne furent plus qu'un mefme cœur : la Reine parut vraiment Reine par une bonté & par une magnificence dont le bruit a retenti par toute la terre; & la Princeffe Palatine joignit au refpect qu'elle avoit pour une aifnée de ce rang & de ce mérite, une éternelle reconnoiffance.

Quel eft Messieurs, cét aveuglement dans une ame Chreftienne, & qui le pourroit comprendre, d'eftre incapable de manquer aux hommes, & de ne craindre pas de manquer à Dieu ? comme fi le culte de Dieu ne tenoit aucun rang parmi les devoirs ! Contez-nous donc maintenant, vous qui les fçavez, toutes les grandes qualitez de la Princeffe Palatine; faites-nous voir, fi vous le pouvez, toutes les graces de cette douce éloquence qui s'infinuoit dans les cœurs par des tours fi nouveaux & fi naturels; dites qu'elle eftoit généreufe, libérale, reconnoiffante, fidele dans fes promeffes, jufte : vous ne faites que raconter ce qui l'attachoit à elle-mefme. Je ne voy dans tout ce recit que le prodigue de l'Evangile, qui veut avoir fon partage, qui veut jouïr de foy-mefme & des biens que fon pere luy a donnez; qui s'en va le plus loin qu'il peut de la maifon paternelle, *dans un païs écarté*, où il diffipe tant de rares trefors, & en un mot où il donne au monde tout ce que Dieu vouloit avoir. Pendant qu'elle contentoit le monde, & fe contentoit elle-mefme, la Princeffe Palatine n'eftoit pas heureufe; & le vuide des chofes humaines fe faifoit fentir à fon cœur. Elle n'eftoit heureufe, ni pour avoir avec l'eftime du monde, qu'elle avoit tant defirée, celle du Roy mefme; ni pour avoir l'amitié & la confiance de Philippe, &

des deux Princeſſes, qui ont fait ſucceſſivement avec luy la ſeconde lumiere de la Cour : de Philippe, dis-je, ce grand Prince, que ni ſa naiſſance, ni ſa valeur, ni la victoire elle-meſme, quoyqu'elle ſe donne à luy avec tous ſes avantages, ne peuvent enfler ; & de ces deux grandes Princeſſes, dont l'on ne peut nommer l'une ſans douleur, ni connoiſtre l'autre ſans l'admirer. Mais peut-eſtre que le ſolide établiſſement de la famille de noſtre Princeſſe achevera ſon bonheur. Non, elle n'eſtoit heureuſe, ni pour avoir placé auprés d'elle la Princeſſe Anne ſa chere fille & les délices de ſon cœur, ni pour l'avoir placée dans une maiſon où tout eſt grand. Que ſert de s'expliquer davantage ? On dit tout, quand on prononce ſeulement le nom de Louis de Bourbon Prince de Condé, & d'Henri Jules de Bourbon Duc d'Anguien. Avec un peu plus de vie, elle auroit veû les grands dons, & le premier des mortels, touché de ce que le monde admire le plus aprés luy, ſe plaire à le reconnoiſtre par de dignes diſtinctions. C'eſt ce qu'elle devoit attendre du mariage de la Princeſſe Anne. Celuy de la Princeſſe Benedicte ne fut gueres moins heureux, puiſqu'elle épouſa Jean Frideric Duc de Brunſvic & d'Hanovre, Souverain puiſſant, qui avoit joint le ſçavoir avec la valeur, la Religion Catholique avec les vertus de ſa Maiſon, & pour comble de joye à noſtre Princeſſe, le ſervice de l'Empire avec les intereſts de la France. Tout eſtoit grand dans ſa famille ; & la Princeſſe Marie ſa fille n'auroit eû à deſirer ſur la terre qu'une vie plus longue. Que s'il falloit avec tant d'éclat, la tranquillité & la douceur : elle trouvoit dans un Prince auſſi grand d'ailleurs que celuy qui honore cette audience, avec les grandes qualitez, celles qui pouvoient contenter ſa délicateſſe ; & dans la Ducheſſe ſa chere fille, un naturel tel qu'il le falloit à un cœur comme le ſien, un eſprit qui ſe fait ſentir ſans vouloir briller, une vertu qui devoit bien-toſt forcer l'eſtime du monde, & comme une vive lumiere percer tout-à-coup avec grand éclat un beau, mais ſombre nuage. Cette alliance fortunée luy donnoit une perpétuelle & étroite liaiſon avec le Prince qui de tout temps avoit le plus ravi ſon eſtime : Prince qu'on admire autant dans la paix que dans la guerre, en qui l'univers attentif ne voit plus rien à deſirer, & s'étonne de trouver enfin toutes les vertus en un ſeul homme. Que falloit-il davantage, & que manquoit-il au bonheur de noſtre Princeſſe ? Dieu qu'elle avoit connu ; & tout avec luy. Une fois elle luy avoit rendu ſon cœur. Les douceurs celeſtes qu'elle avoit gouſtées ſous les aiſles de Sainte Fare, eſtoient revenuës dans ſon eſprit. Retirée à la campagne, ſequeſtrée du monde, elle s'occupa trois ans entiers à regler ſa conſcience & ſes affaires. Un million qu'elle retira du Duché de Rethelois ſervit à multiplier ſes bonnes œuvres ; & la premiere fut d'aquiter ce qu'elle devoit avec une ſcrupuleuſe régularité, ſans ſe permettre ces compoſitions ſi adroitement colorées, qui ſouvent ne ſont qu'une injuſtice couverte d'un nom ſpecieux. Eſt-ce donc icy cét heureux retour que je vous promets depuis ſi long-temps ? Non, MESSIEURS : vous ne verrez encore à cette fois qu'un plus déplorable éloignement. Ni les conſeils de la Providence, ni l'état de la Princeſſe ne permettoient qu'elle partageaſt tant ſoit peu ſon cœur : une ame comme la ſienne ne ſouffre point de tels partages ; & il falloit ou tout à fait rompre, ou ſe rengager tout à fait avec le monde. Les affaires l'y rappellerent : ſa pieté s'y diſſipa encore une fois : elle éprouva que JESUS-CHRIST n'a pas dit en vain : *Fiunt noviſſima hominis illius pejora prioribus :* l'etat de l'homme qui retombe devient pire que le *premier*. Tremblez, ames réconciliées, qui renoncez si souvent à la grace de la penitence : tremblez, puisque chaque chûte creufe fous vos pas de nouveaux abifmes : tremblez enfin au terrible éxemple de la Princeffe Palatine. A ce coup le Saint Efprit irrité fe retire : les ténebres s'épaiffiffent; la foy s'éteint. Un faint Abbé dont la doctrine & la vie font un ornement de noftre fiecle, ravi d'une converfion auffi admirable & auffi parfaite que celle de noftre Princeffe, luy ordonna de l'écrire pour l'édification de l'Eglife. Elle commence ce recit en confeffant fon erreur. Vous, Seigneur, dont la bonté infinie n'a rien donné aux hommes de plus efficace pour effacer leurs péchez, que la grace de les reconnoiftre : recevez l'humble confeffion de voftre fervante; & en mémoire d'un tel facrifice, s'il luy refte quelque chofe à expier aprés une fi longue penitence, faites-luy fentir aujourd'huy vos miféricordes. Elle confeffe donc, CHRESTIENS, qu'elle avoit tellement perdu les lumieres de la Foy, que lors qu'on parloit férieufement des Myfteres de la Religion, elle avoit peine à retenir ce ris dédaigneux, qu'excitent les perfonnes fimples lors qu'on leur voit croire des chofes impoffibles : *Et*, pourfuit-elle, *c'euft efté pour moy le plus grand de tous les miracles, que de me faire croire fermement le Chriftianifme.* Que n'euft-elle pas donné pour obtenir ce miracle? Mais l'heure marquée par la divine Providence n'eftoit pas encore venuë. C'eftoit le temps où elle devoit eftre livrée à elle-mefme, pour mieux fentir dans la fuite la merveilleufe victoire de la Grace. Ainfi elle gémiffoit dans fon incrédulité qu'elle n'avoit pas la force de vaincre. Peu s'en faut qu'elle ne s'emporte jufqu'à la dérifion, qui eft le dernier excés, & comme le triomphe de l'orgueïl; & qu'elle ne fe trouve parmi *ces moqueurs dont le jugement eſt ſi proche,* ſelon la parole du Sage : *Parata ſunt deriſoribus judicia.* Déplorable aveuglement! Dieu a fait un ouvrage au milieu de nous, qui détaché de toute autre cauſe, & ne tenant qu'à luy ſeul, remplit tous les temps & tous les lieux, & porte par toute la terre avec l'impreſſion de ſa main le caractere de ſon autorité : c'eſt Jesus-Christ & ſon Egliſe. Il a mis dans cette Egliſe une autorité, ſeule capable d'abbaiſſer l'orgueïl & de relever la ſimplicité ; & qui également propre aux ſçavans & aux ignorans, imprime aux uns & aux autres un meſme reſpect. C'eſt contre cette autorité que les libertins ſe révoltent avec un air de mépris. Mais qu'ont-ils veû ces rares genies, qu'ont-ils veû plus que les autres? Quelle ignorance eſt la leur! & qu'il ſeroit aiſé de les confondre; ſi foibles & préſompteux ils ne craignoient d'eſtre inſtruits! Car penſent-ils avoir mieux veû les difficultez à cauſe qu'ils y ſuccombent, & que les autres qui les ont veûës, les ont mépriſées? Ils n'ont rien veû : ils n'entendent rien : ils n'ont pas meſme de quoy établir le néant, auquel ils eſperent aprés cette vie; & ce miſérable partage ne leur eſt pas aſſeuré. Ils ne ſçavent s'ils trouveront un Dieu propice, ou un Dieu contraire. S'ils le font égal au vice & à la vertu : quelle idole! Que s'il ne dédaigne pas de juger ce qu'il a créé, & encore ce qu'il a créé capable d'un bon & d'un mauvais choix : qui leur dira, ou ce qui luy plaiſt, ou ce qui l'offenſe, ou ce qui l'appaiſe? Par où ont-ils deviné, que tout ce qu'on penſe de ce premier eſtre, ſoit indifférent ; & que toutes les Religions qu'on voit ſur la terre, luy ſoient également bonnes? Parce qu'il y en a de fauſſes, s'enſuit-il qu'il n'y en ait pas une veritable : ou qu'on ne puiſſe plus connoiſtre l'ami ſincere, parce qu'on eſt environné de trompeurs? Eſt-ce peut-eſtre que tous ceux qui errent font de bonne foy ? L'homme ne peut-il pas felon fa couftume s'en impofer à luy-mefme ? Mais quel fupplice ne méritent pas les obftacles qu'il aura mis par fes préventions à des lumieres plus pures ? Où a-t-on pris que la peine & la récompenfe ne foient que pour les jugemens humains ; & qu'il n'y ait pas en Dieu une juftice, dont celle qui reluit en nous ne foit qu'une étincelle ? Que s'il eft une telle juftice ; fouveraine, & par confequent inévitable ; divine, & par confequent infinie : qui nous dira qu'elle n'agiffe jamais felon fa nature, & qu'une juftice infinie ne s'exerce pas à la fin par un fupplice infini & éternel ? Où en font donc les impies, & qu'elle affeurance ont-ils contre la vangeance éternelle dont on les menace ? Au defaut d'un meilleur refuge, iront-ils enfin fe plonger dans l'abifme de l'athéïfme, & mettront-ils leur repos dans une fureur, qui ne trouve prefque point de place dans les efprits ? Qui leur réfoudra ces doutes, puis qu'ils veulent les appeller de ce nom ? Leur raifon, qu'ils prennent pour guide, ne préfente à leur efprit que des conjectures & des embarras. Les abfurditez où ils tombent en niant la Religion, deviennent plus infouftables que les véritez, dont la hauteur les étonne ; & pour ne vouloir pas croire des myfteres incompréhenfibles, ils fuivent l'une aprés l'autre d'incompréhenfibles erreurs. Qu'eft-ce donc aprés tout, MESSIEURS, qu'eft-ce que leur malheureufe incrédulité, finon une erreur fans fin, une témérité qui hazarde tout, un étourdiffement volontaire, & en un mot un orgueïl qui ne peut fouffrir fon reméde, c'eft à dire, une autorité légitime ? Ne croyez pas que l'homme ne foit emporté que par l'intempérance des fens. L'intempérance de l'efprit n'eft pas moins flateufe. Comme l'autre, elle fe fait des plaiſirs cachez, & s'irrite par la défenſe. Ce ſuperbe croit s'élever audeſſus de tout & audeſſus de luy-meſme, quand il s'éleve, ce luy ſemble, audeſſus de la Religion, qu'il a ſi long-temps révérée : il ſe met au rang des gens deſabuſez : il inſulte en ſon cœur aux foibles eſprits qui ne font que ſuivre les autres ſans rien trouver par eux-meſmes ; & devenu le ſeul objet de ſes complaiſances, il ſe fait luy-meſme ſon Dieu. C'eſt dans cét abiſme profond que la Princeſſe Palatine alloit ſe perdre. Il eſt vray qu'elle deſiroit avec ardeur de connoiſtre la vérité. Mais où eſt la vérité ſans la foy, qui luy paroiſſoit impoſſible, à moins que Dieu l'établiſt en elle par un miracle ? Que luy ſervoit d'avoir conſervé la connoiſſance de la Divinité ? Les eſprits meſme les plus déréglez n'en rejettent pas l'idée, pour n'avoir point à ſe reprocher un aveuglement trop viſible. Un Dieu qu'on fait à ſa mode, auſſi patient, auſſi inſenſible, que nos paſſions le demandent, n'incommode pas. La liberté qu'on ſe donne de penſer tout ce qu'on veut, fait qu'on croit reſpirer un air nouveau. On s'imagine joüir de ſoy-meſme & de ſes deſirs ; & dans le droit qu'on penſe aquerir de ne ſe rien refuſer, on croit tenir tous les biens, & on les gouſte par avance.

En cét eſtat, CHRESTIENS, où la Foy meſme eſt perduë, c'eſt à dire, où le fondement eſt renverſé ; que reſtoit-il à noſtre Princeſſe ? que reſtoit-il à une ame qui par un juſte jugement de Dieu eſtoit décheüé de toutes les graces, & ne tenoit à JESUS-CHRIST par aucun lien ? qu'y reſtoit-il, CHRESTIENS, ſi ce n'eſt ce que dit Saint Auguſtin ? Il reſtoit la ſouveraine miſere & la ſouveraine miſéricorde : *reſtabat magna miſeria, & magna miſericordia.* Il reſtoit ce ſecret regard d'une Providence miſéricordieuſe, qui la vouloit rappeller des extrémitez de la terre ; & voicy quelle fut la premiere touche. Preſtez l'oreille, Messieurs : elle a quelque choſe de miraculeux. Ce fut un ſonge admirable ; de ceux que Dieu meſme fait venir du Ciel par le miniſtere des Anges ; dont les images ſont ſi nettes & ſi démeſlées ; où l'on voit je ne ſçay quoy de celeſte. Elle crut, c'eſt elle-meſme qui le raconte au ſaint Abbé : Ecoutez, & prenez garde ſur tout de n'écouter pas avec mépris l'ordre des avertiſſemens divins & la conduite de la Grace. Elle crut, dis-je, *que marchant ſeule dans une foreſt, elle y avoit rencontré un aveugle dans une petite loge. Elle s'approche pour luy demander, s'il eſtoit aveugle de naiſſance, où s'il l'eſtoit devenu par quelque accident. Il répondit qu'il eſtoit aveugle né. Vous ne ſçavez donc pas, reprit-elle, ce que c'eſt que la lumiere, qui eſt ſi belle & ſi agréable, & le Soleil qui a tant d'éclat & de beauté. Je n'ay, dit-il, jamais joüi de ce bel objet, & je ne m'en puis former aucune idée. Je ne laiſſe pas de croire, continua-t-il, qu'il eſt d'une beauté raviſſante. L'aveugle parut alors changer de voix & de viſage, & prenant un ton d'autorité : Mon exemple, dit-il, vous doit apprendre qu'il y a des choſes tres-excellentes & tres-admirables qui échapent à noſtre veüë, & qui n'en ſont ni moins vrayes ni moins deſirables, quoyqu'on ne les puiſſe ni comprendre, ni imaginer.* C'eſt en effet qu'il manque un ſens aux incredules comme à l'aveugle ; & ce ſens, c'eſt Dieu qui le donne, ſelon ce que dit Saint Jean : *Il nous a donné un ſens pour connoiſtre le vray Dieu, & pour eſtre en ſon vray Fils : Dedit nobis ſenſum, ut cognoſcamus verum Deum, & ſimus in vero filio ejus.* Noſtre Princeſſe le comprit. En meſme temps, au milieu d'un ſonge ſi myſtérieux, *elle fit l'application de la belle comparaiſon de l'aveugle aux véritez de la Religion & de l'autre vie* : ce ſont ſes mots que je vous rapporte. Dieu qui n'a besoin ni de temps ni d'un long circuit de raisonnemens pour se faire entendre, tout-à-coup luy ouvrit les yeux. Alors, par une soudaine illumination, *elle se sentit si éclairée,* c'est elle-mesme qui continuë à vous parler, *& tellement transportée de la joye d'avoir trouvé ce qu'elle cherchoit depuis si long-temps, qu'elle ne put s'empescher d'embrasser l'aveugle, dont le discours luy découvroit une plus belle lumiere que celle dont il estoit privé : Et,* dit-elle, *il se répandit dans mon cœur une joye si douce & une foy si sensible, qu'il n'y a point de paroles capables de l'exprimer.* Vous attendez, Chrestiens, quel sera le réveil d'un sommeil si doux & si merveilleux. Ecoutez, & reconnoissez que ce songe est vraiment divin. *Elle s'éveilla là-dessus,* dit-elle, *& se trouva dans le mesme état où elle s'estoit veuë dans cét admirable songe; c'est à dire, tellement changée, qu'elle avoit peine à le croire.* Le miracle qu'elle attendoit est arrivé : elle croit, elle qui jugeoit la foy impossible : Dieu la change par une lumiere soudaine, & par un songe qui tient de l'extase. Tout suit en elle de la mesme force. *Je me levay,* poursuit-elle, *avec précipitation; mes actions estoient meslées d'une joye & d'une activité extraordinaire.* Vous le voyez : cette nouvelle vivacité qui animoit ses actions, se ressent encore dans ses paroles. *Tout ce que je lisois sur la Religion, me touchoit jusqu'à répandre des larmes. Je me trouvois à la Messe dans un état bien différent de celuy où j'avois accoustumé d'estre.* Car c'estoit de tous les mysteres celuy qui luy paroissoit le plus incroyable. *Mais alors,* dit-elle, *il me sembloit sentir la presence réelle de Nostre Seigneur à peu près comme l'on sent les choses visibles, & dont l'on ne peut douter.* Ainsi elle passa tout-à-coup d'une profonde obscurité à une lumiere manifeste. Les nuages de son esprit sont dissipez : miracle aussi étonnant que celuy où Jesus-Christ fit tomber en un instant des yeux de Saul converti cette espece d'écaille dont ils estoient couverts. Qui donc ne s'écrieroit à un si soudain changement : *Le doigt de Dieu est icy ?* La suite ne permet pas d'en douter, & l'operation de la Grace se reconnoist dans ses fruits. Depuis ce bienheureux moment, la foy de nostre Princesse fut inébranlable ; & mesme cette joye sensible qu'elle avoit à croire, luy fut continuée quelque temps. Mais au milieu de ces celestes douceurs, la justice divine eut son tour. L'humble Princesse ne crut pas qu'il luy fust permis d'approcher d'abord des Saints Sacremens. Trois mois entiers furent employez à repasser avec larmes ses ans écoulez parmi tant d'illusions, & à préparer sa Confession. Dans l'approche du jour desiré où elle esperoit de la faire, elle tomba dans une syncope qui ne luy laissa ni couleurs, ni pouls, ni respiration. Revenuë d'une si longue & si étrange défaillance, elle se vit replongée dans un plus grand mal ; & aprés les afres de la mort, elle ressentit toutes les horreurs de l'enfer. Digne effet des Sacremens de l'Eglise, qui donnez ou differez font sentir à l'ame la misericorde de Dieu, ou tout le poids de ses vangeances. Son Confesseur qu'elle appelle la trouve sans force, incapable d'application, & prononçant à peine quelques mots entrecoupez : il fut contraint de remettre la Confession au lendemain. Mais il faut qu'elle vous raconte elle-mesme quelle nuit elle passa dans cette attente. Qui sçait si la Providence n'aura pas amené icy quelque ame égarée, qui doive estre touchée de ce recit ? *Il est,* dit-elle, *impossible de s'imaginer les étranges peines de mon esprit sans les avoir éprouvées. J'appréhendois à chaque moment le retour de ma syncope, c'est à dire, ma mort, & ma dam-*

nation. *J'avoûois bien que je n'eſtois pas digne d'une miſéricorde que j'avois ſi long-temps négligée : & je diſois à Dieu dans mon cœur, que je n'avois aucun droit de me plaindre de ſa juſtice; mais qu'enfin, choſe inſupportable! je ne le verrois jamais; que je ſerois éternellement avec ſes ennemis, éternellement ſans l'aimer, éternellement haïe de luy. Je ſentois tendrement ce déplaiſir, & je le ſentois meſme, comme je croy,* ce ſont ſes propres paroles, *entierement détaché des autres peines de l'enfer.* Le voilà, Mes cheres Sœurs, vous le connoiſſez, le voilà ce pur amour, que Dieu luy-meſme répand dans les cœurs avec toutes ſes délicateſſes, & dans toute ſa vérité. La voilà cette crainte qui change les cœurs : non point la crainte de l'eſclave qui craint l'arrivée d'un maiſtre faſcheux; mais la crainte d'une chaſte épouſe qui craint de perdre ce qu'elle aime. Ces ſentimens tendres meſlez de larmes & de frayeur aigriſſoient ſon mal juſqu'à la derniere extrémité. Nul n'en pénétroit la cauſe, & on attribuoit ces agitations à la fievre dont elle eſtoit tourmentée. Dans cét état pitoyable, pendant qu'elle ſe regardoit comme une perſonne réprouvée & preſque ſans eſpérance de ſalut : Dieu qui fait entendre ſes véritez en telle maniere & ſous telles figures qu'il luy plaiſt, continua de l'inſtruire comme il a fait Joſeph & Salomon ; & durant l'aſſoupiſſement que l'accablement luy cauſa, il luy mit dans l'eſprit cette parabole ſi ſemblable à celles de l'Evangile. Elle voit paroiſtre ce que Jesus-Christ n'a pas dédaigné de nous donner comme l'image de ſa tendreſſe; une poule devenuë mere, empreſſée autour des petits qu'elle conduiſoit. Un d'eux s'eſtant écarté, noſtre malade le voit englouti par un chien avide. Elle accourt, elle luy arrache cét innocent animal. En meſme temps on luy crie d'un autre cofté qu'il le falloit rendre au raviffeur, dont on éteindroit l'ardeur en luy enlevant fa proye. *Non, dît-elle, je ne le rendray jamais.* En ce moment elle s'éveilla ; & l'application de la figure qui luy avoit efté montrée fe fit en un inftant dans fon efprit, comme fi on luy euft dit : *Si vous qui eftes mauvaife, ne pouvez vous réfoudre à rendre ce petit animal que vous avez fauvé; pourquoy croyez-vous que Dieu infiniment bon vous redonnera au Démon, aprés vous avoir tirée de fa puiffance? Efpérez, & prenez courage.* A ces mots elle demeura dans un calme & dans une joye qu'elle ne pouvoit exprimer, *comme fi un Ange luy euft appris,* ce font encore fes paroles, *que Dieu ne l'abandonneroit pas.* Ainfi tomba tout-à-coup la fureur des vents & des flots à la voix de Jesus-Christ qui les menaçoit ; & il ne fit pas un moindre miracle dans l'ame de noftre fainte Penitente, lors que parmi les frayeurs d'une confcience allarmée, & *les douleurs de l'enfer*, il luy fit fentir tout-à-coup par une vive confiance, avec la rémiffion de fes péchez, cette *paix qui furpaffe toute intelligence.* Alors une joye célefte faifit tous fes fens, *& les os humiliez treffaillirent.* Souvenez-vous, ô facré Pontife, quand vous tiendrez en vos mains la fainte Victime qui ofte les pechez du monde ; fouvenez-vous de ce miracle de fa Grace. Et vous, Saints Preftres, venez ; & vous, faintes Filles, & vous Chreftiens : venez auffi, ô pécheurs : tous enfemble, commençons d'une mefme voix le cantique de la délivrance, & ne ceffons de répéter avec David : *Que Dieu eft bon, que fa mifericorde eft éternelle!* Il ne faut point manquer à de telles graces, ni les recevoir avec molleffe. La Princeffe Palatine change en un moment toute entiere : nulle parure que la fimplicité, nul ornement que la modeftie. Elle fe montre au monde à cette fois;

mais ce fut pour luy déclarer qu'elle avoit renoncé à ſes vanitez. Car auſſi quelle erreur à une Chreſtienne, & encore à une Chreſtienne penitente, d'orner ce qui n'eſt digne que de ſon mépris? de peindre, & de parer l'idole du monde? de retenir comme par force, & avec mille artifices autant indignes qu'inutiles, ces graces qui s'envolent avec le temps? Sans s'effrayer de ce qu'on diroit, ſans craindre comme autrefois ce vain fantoſme des ames infirmes dont les Grands ſont épouvantez plus que tous les autres, la Princeſſe Palatine parut à la Cour ſi différente d'elle-meſme : & deſlors elle renonça à tous les divertiſſemens, à tous les jeux juſqu'aux plus innocens; ſe ſoumettant aux ſéveres lois de la penitence Chreſtienne, & ne ſongeant qu'à reſtraindre & à punir une liberté qui n'avoit pû demeurer dans ſes bornes. Douze ans de perſévérance au milieu des épreuves les plus difficiles l'ont élevée à un éminent degré de ſainteté. La regle qu'elle ſe fit dés le premier jour fut immuable : toute ſa maiſon y entra : chez elle on ne faiſoit que paſſer d'un éxercice de piété à un autre. Jamais l'heure de l'oraiſon ne fut changée ni interrompuë, pas meſme par les maladies. Elle ſçavoit que dans ce commerce ſacré tout conſiſte à s'humilier ſous la main de Dieu, & moins à donner qu'à recevoir. Ou plûtoſt, ſelon le précepte de Jesus-Christ, ſon oraiſon fut perpetuelle pour eſtre égale au beſoin. La lecture de l'Evangile & des livres ſaints en fourniſſoit la matiere : ſi le travail ſembloit l'interrompre, ce n'eſtoit que pour la continuer d'une autre ſorte. Par le travail on charmoit l'ennuy, on ménageoit le temps, on guériſſoit la langueur de la pareſſe & les pernicieuſes réveries de l'oiſiveté. L'eſprit ſe relaſchoit pendant que les mains induſtrieuſement occupées s'éxerçoient dans des ouvrages dont la piété avoit donné le deffein : c'eftoit ou des habits pour les pauvres, ou des ornemens pour les Autels. Les Pfeaumes avoient fuccédé aux cantiques des joyes du fiecle. Tant qu'il n'eftoit point néceffaire de parler, la fage Princeffe gardoit le filence : la vanité & les médifances, qui fouftiennent tout le commerce du monde, luy faifoient craindre tous les entretiens; & rien ne luy paroiffoit ni agréable ni feur que la folitude. Quand elle parloit de Dieu, le gouft intérieur d'où fortoient toutes fes paroles, fe communiquoit à ceux qui converfoient avec elle; & les nobles expreffions qu'on remarquoit dans fes difcours ou dans fes écrits, venoient de la haute idée qu'elle avoit conceûë des chofes divines. Sa foy ne fut pas moins fimple que vive : dans les fameufes queftions qui ont troublé en tant de manieres le repos de nos jours, elle déclaroit hautement qu'elle n'avoit autre part à y prendre, que celle d'obéïr à l'Eglife. Si elle euft eû la fortune des Ducs de Nevers fes peres, elle en auroit furpaffé la pieufe magnificence, quoy-que cent temples fameux en portent la gloire jufqu'au Ciel, *& que les Eglifes des Saints publient leurs aumofnes.* Le Duc fon pere avoit fondé dans fes terres de quoy marier tous les ans foixante filles : riche oblation, préfent agréable. La Princeffe fa fille en marioit auffi tous les ans ce qu'elle pouvoit, ne croyant pas affez honorer les libéralitez de fes anceftres, fi elle ne les imitoit. On ne peut retenir fes larmes, quand on luy voit épancher fon cœur fur de vieilles femmes qu'elle nourriffoit. Des yeux fi délicats firent leurs délices de ces vifages ridez, de ces membres courbez fous les ans. Ecoutez ce qu'elle en écrit au fidelle miniftre de fes charitez; & dans un mefme difcours apprenez à goufter la fimplicité & la charité chreftienne. *Je fuis ravie,* dit-elle, *que l'affaire de nos* *bonnes vieilles soit si avancée. Achevons viste au nom de Nostre Seigneur; ostons vistement cette bonne femme de l'étable où elle est, & la mettons dans un de ces petits lits.* Quelle nouvelle vivacité succede à celle que le monde inspire ! Elle poursuit : *Dieu me donnera peut-estre de la santé, pour aller servir cette paralytique : au moins je le feray par mes soins, si les forces me manquent; & joignant mes maux aux siens, je les offriray plus hardiment à Dieu. Mandez-moy ce qu'il faut pour la nourriture & les ustenciles de ces pauvres femmes; peu à peu nous les mettrons à leur aise.* Je me plais à répéter toutes ces paroles, malgré les oreilles délicates : elles effacent les discours les plus magnifiques, & je voudrois ne parler plus que ce langage. Dans les nécessitez extraordinaires, sa charité faisoit de nouveaux efforts. Le rude hiver des années dernieres acheva de la dépouïller de ce qui luy restoit de superflu : tout devint pauvre dans sa maison & sur sa personne : elle voyoit disparoistre avec une joye sensible les restes des pompes du monde; & l'aumosne luy apprenoit à se retrancher tous les jours quelque chose de nouveau. C'est en effet la vraye grace de l'aumosne, en soulageant les besoins des pauvres, de diminuer en nous d'autres besoins; c'est à dire, ces besoins honteux qu'y fait la délicatesse, comme si la nature n'estoit pas assez accablée de nécessitez. Qu'attendez-vous, Chrestiens, à vous convertir; & pourquoy désespérez-vous de vostre salut ? Vous voyez la perfection où s'éleve l'ame penitente, quand elle est fidele à la grace. Ne craignez ni la maladie, ni les dégousts, ni les tentations, ni les peines les plus cruelles. Une personne si sensible & si délicate, qui ne pouvoit seulement entendre nommer les maux, a souffert douze ans entiers, & presque sans intervalle, ou les plus vives douleurs, ou des langueurs qui épuifoient le corps & l'efprit : & cependant durant tout ce temps, & dans les tourmens inouïs de fa derniere maladie, où fes maux s'augmenterent jufques aux derniers excés, elle n'a eû à fe repentir que d'avoir une feule fois fouhaité une mort plus douce. Encore réprima-t-elle ce foible defir, en difant auffitoft aprés avec Jesus-Christ la priere du facré myftere du Jardin : c'eft ainfi qu'elle appelloit la priere de l'agonie de Noftre Sauveur; *O mon Pere, que voftre volonté foit faite, & non pas la mienne.* Ses maladies luy ofterent la confolation qu'elle avoit tant defirée d'accomplir fes premiers deffeins, & de pouvoir achever fes jours fous la difcipline & dans l'habit de Sainte Fare. Son cœur donné ou plûtoft rendu à ce Monaftere, où elle avoit goufté les premieres graces, a témoigné fon defir; & fa volonté a efté aux yeux de Dieu un facrifice parfait. C'euft efté un fouftien fenfible à une ame comme la fienne d'accomplir de grands ouvrages pour le fervice de Dieu : mais elle eft menée par une autre voye; par celle qui crucifie davantage; qui fans rien laiffer entreprendre à un efprit courageux, le tient accablé & anéanti fous la rude loy de fouffrir. Encore s'il euft plû à Dieu de luy conferver ce gouft fenfible de la piété, qu'il avoit renouvellé dans fon cœur au commencement de fa penitence : mais, non; tout luy eft ofté; fans ceffe elle eft travaillée de peines infupportables. *O Seigneur,* difoit le faint homme Job, *vous me tourmentez d'une maniere merveilleufe!* C'eft que fans parler icy de fes autres peines, il portoit au fond de fon cœur une vive & continuelle appréhenfion de déplaire à Dieu. Il voyoit d'un cofté fa fainte juftice, devant laquelle les Anges ont peine à fouftenir leur innocence. Il le voyoit avec ces yeux éternellement ouverts obferver toutes les démarches, conter tous les pas d'un pécheur, & *garder ſes péchez comme ſous le ſceau,* pour les luy repreſenter au dernier jour : *Signaſti quaſi in ſacculo delicta mea.* D'un autre coſté, il reſſentoit ce qu'il y a de corrompu dans le cœur de l'homme : *Je craignois,* dit-il, *toutes mes œuvres.* Que vois-je! le péché? le péché partout! Et il s'écrioit nuit & jour : *O Seigneur, Pourquoy n'oſtez-vous pas mes péchez?* Et que ne tranchez-vous une fois ces malheureux jours, où l'on ne fait que vous offenſer, afin qu'il ne ſoit pas dit, *que je ſois contraire à la parole du Saint?* Tel eſtoit le fond de ſes peines ; & ce qui paroiſt de ſi violent dans ſes diſcours, n'eſt que la délicateſſe d'une conſcience qui ſe redoute elle-meſme, ou l'excés d'un amour qui craint de déplaire. La Princeſſe Palatine ſouffrit quelque choſe de ſemblable. Quel ſupplice à une conſcience timorée! Elle croyoit voir par tout dans ſes actions un amour propre déguiſé en vertu. Plus elle eſtoit clairvoyante, plus elle eſtoit tourmentée. Ainſi Dieu l'humilioit par ce qui a couſtume de nourrir l'orgueïl, & luy faiſoit un remede de la cauſe de ſon mal. Qui pourroit dire par quelles terreurs elle arrivoit aux délices de la ſainte table? Mais elle ne perdoit pas la confiance. *Enfin,* dit-elle, c'eſt ce qu'elle écrit au ſaint Preſtre que Dieu luy avoit donné pour la ſouſtenir dans ſes peines : *Enfin je ſuis parvenuë au divin banquet. Je m'eſtois levée dés le matin pour eſtre devant le jour aux portes du Seigneur : mais luy ſeul ſçait les combats qu'il a fallu rendre.* La matinée ſe paſſoit dans ce cruel éxercice. *Mais à la fin,* pourſuit-elle, *malgré mes foibleſſes je me ſuis comme traiſnée moy-meſme aux pieds de Noſtre Seigneur; & j'ay connu qu'il falloit, puiſque tout s'eſt fait en moy par la force de la divine bonté, que je receuſſe encore avec une eſpece de force ce der-*

nier & souverain bien. Dieu luy découvroit dans ces peines l'ordre secret de sa justice sur ceux qui ont manqué de fidelité aux graces de la penitence. *Il n'appartient pas*, disoit-elle, *aux esclaves fugitifs, qu'il faut aller reprendre par force, & les ramener comme malgré eux, de s'asseoir au festin avec les enfans & les amis; & c'est assez qu'il leur soit permis de venir recueïllir à terre les miettes qui tombent de la table de leurs seigneurs.* Ne vous étonnez pas, Chrestiens, si je ne fais plus, foible orateur, que de répéter les paroles de la Princesse Palatine : c'est que j'y ressens la manne cachée, & le goust des Ecritures divines, que ses peines & ses sentimens luy faisoient entendre. Malheur à moy, si dans cette chaire j'aime mieux me chercher moy-mesme que vostre salut, & si je préfere à mes inventions, quand elles pourroient vous plaire, les expériences de cette Princesse, qui peuvent vous convertir ! Je n'ay regret qu'à ce que je laisse, & je ne puis vous taire ce qu'elle a écrit touchant les tentations d'incrédulité. *Il est bien croyable,* disoit-elle, *qu'un Dieu qui aime infiniment, en donne des preuves proportionnées à l'infinité de son amour, & à l'infinité de sa puissance : & ce qui est propre à la toute-puissance d'un Dieu, passe de bien loin la capacité de nostre foible raison. C'est,* ajouste-t-elle, *ce que je me dis à moy-mesme, quand les Démons taschent d'étonner ma foy; & depuis qu'il a plû à Dieu de me mettre dans le cœur,* remarquez ces belles paroles, *que son amour est la cause de tout ce que nous croyons, cette réponse me persuade plus que tous les livres.* C'est en effet l'abrégé de tous les saints Livres, & de toute la doctrine chrestienne. Sortez parole éternelle, Fils unique du Dieu vivant, sortez du bienheureux sein de vostre Pere, & venez annoncer aux hommes le secret que vous y voyez. Il l'a fait, & durant trois ans il n'a ceffé de nous dire le fecret des confeils de Dieu. Mais tout ce qu'il en a dit eft renfermé dans ce feul mot de fon Evangile : *Dieu a tant aimé le monde, qu'il luy a donné fon Fils unique.* Ne demandez plus ce qui a uni en Jesus-Christ le Ciel & la terre, & la croix avec les grandeurs. *Dieu a tant aimé le monde.* Eft-il incroyable que Dieu aime, & que la bonté fe communique ? Que ne fait pas entreprendre aux ames courageufes l'amour de la gloire ; aux ames les plus vulgaires l'amour des richeffes ; à tous enfin, tout ce qui porte le nom d'amour ? Rien ne coufte, ni perils, ni travaux, ni peines : & voilà tous les prodiges dont l'homme eft capable. Que fi l'homme, qui n'eft que foibleffe, tente l'impoffible : Dieu, pour contenter fon amour, n'exécutera-t-il rien d'extraordinaire ? Difons donc pour toute raifon dans tous les myfteres : *Dieu a tant aimé le monde.* C'eft la doctrine du Maiftre, & le Difciple bien-aimé l'avoit bien comprife. De fon temps un Cerinthe, un Héréfiarque, ne vouloit pas croire qu'un Dieu euft pû fe faire homme, & fe faire la victime des pécheurs. Que luy répondit cét Apoftre vierge, ce Prophete du nouveau Teftament, cét aigle, ce Théologien par excellence : ce faint vieillard, qui n'avoit de force que pour prefcher la charité, & pour dire, *Aimez-vous les uns les autres en Noftre Seigneur;* que répondit-il à cét Héréfiarque ? Quel fymbole, quelle nouvelle confeffion de foy oppofa-t-il à fon héréfie naiffante ? Ecoutez, & admirez. *Nous croyons,* dit-il, *& nous confeffons l'amour que Dieu a pour nous : Et nos credidimus charitati, quam habet Deus in nobis.* C'eft-là toute la foy des Chreftiens : c'eft la caufe & l'abrégé de tout le fymbole. C'eft là, que la Princeffe Palatine a trouvé la réfolution de fes anciens doutes. Dieu a aimé : c'eft tout dire. S'il a fait, difoit-elle, de fi grandes chofes pour déclarer fon amour dans l'Incarnation : que n'aura-t-il pas fait, pour le confommer dans l'Eucharistie, pour fe donner, non plus en général à la nature humaine, mais à chaque fidele en particulier ? Croyons donc avec Saint Jean en l'amour d'un Dieu : la foy nous paroiftra douce, en la prenant par un endroit fi tendre. Mais n'y croyons pas à demi, à la maniere des Hérétiques, dont l'un en retranche une chofe & l'autre une autre ; l'un le myftere de l'Incarnation, & l'autre celuy de l'Euchariftie ; chacun ce qui luy déplaift : foibles efprits, ou plûtoft cœurs étroits & entrailles refferrées, que la Foy & la Charité n'ont pas affez dilatées pour comprendre toute l'étenduë de l'amour d'un Dieu. Pour nous, croyons fans réferve, & prenons le remede entier, quoy qu'il en coufte à noftre raifon. Pourquoy veut-on que les prodiges couftent tant à Dieu ? Il n'y a plus qu'un feul prodige, que j'annonce aujourd'huy au monde. O ciel, ô terre, étonnez-vous à ce prodige nouveau ! C'eft que parmi tant de témoignages de l'amour divin, il y ait tant d'incrédules & tant d'infenfibles. N'en augmentez pas le nombre, qui va croiffant tous les jours. N'alleguez plus voftre malheureufe incrédulité, & ne faites pas une excufe de voftre crime. Dieu a des remedes pour guérir, & il ne refte qu'à les obtenir par des vœux continuels. Il a fceû prendre la fainte Princeffe dont nous parlons, par le moyen qui luy a plû : il en a d'autres pour vous jufqu'à l'infini, & vous n'avez rien à craindre, que de défefpérer de fes bontez. Vous ofez nommer vos ennuis, aprés les peines terribles où vous l'avez veûë ? Cependant, fi quelquefois elle defiroit en eftre foulagée, elle fe le reprochoit à elle mefme : *Je commence*, difoit-elle, *à m'appercevoir que je cherche le paradis terrestre à la suite de* Jesus-Christ, *au lieu de chercher la montagne des Olives & le Calvaire, par où il est entré dans sa gloire.* Voilà ce qu'il luy servit de méditer l'Evangile nuit & jour, & de se nourrir de la parole de vie. C'est encore ce qui luy fit dire cette admirable parole, *Qu'elle aimoit mieux vivre & mourir sans consolation que d'en chercher hors de Dieu.* Elle a porté ces sentimens jusqu'à l'agonie ; & preste à rendre l'ame, on entendit qu'elle disoit d'une voix mourante : *Je m'en vais voir comment Dieu me traitera ; mais j'espere en ses misericordes.* Cette parole de confiance emporta son ame sainte au sejour des Justes. Arrestons icy, Chrestiens : & vous, Seigneur, imposez silence à cét indigne Ministre, qui ne fait qu'affoiblir vostre parole. Parlez dans les cœurs, Prédicateur invisible, & faites que chacun se parle à soymesme. Parlez, mes Freres parlez : je ne suis icy que pour aider vos reflexions. Elle viendra cette heure derniere : elle approche, nous y touchons, la voilà venuë. Il faut dire avec Anne de Gonzague : Il n'y a plus ni Princesse, ni Palatine ; ces grands noms, dont on s'étourdit, ne subsistent plus. Il faut dire avec elle : Je m'en vais, je suis emporté par une force inévitable ; tout fuit, tout diminuë, tout disparoist à mes yeux. Il ne reste plus à l'homme que le néant & le péché : pour tout fonds, le neant ; pour toute aquisition, le péché. Le reste, qu'on croyoit tenir, échape : semblable à de l'eau gelée, dont le vil crystal se fond entre les mains qui le serrent, & ne fait que les salir. Mais voicy ce qui glacera le cœur, ce qui achevera d'éteindre la voix, ce qui répandra la frayeur dans toutes les veines : *Je m'en vais voir comment Dieu me traitera ;* dans un moment, je seray entre ces mains, dont Saint Paul écrit en tremblant : *Ne vous y trompez pas, on ne se moque pas de Dieu* : & encore : *C'est une chose horrible de tomber entre les mains du Dieu vivant ;* entre ces mains, où tout est action, où tout est vie ; rien ne s'affoiblit, ni se relasche, ni ne se ralentit jamais : Je m'en vais voir, si ces mains toutepuissantes me seront favorables ou rigoureuses ; si je seray éternellement, ou parmi leurs dons, ou sous leurs coups. Voilà ce qu'il faudra dire nécessairement avec nostre Princesse. Mais pourrons-nous ajoûter avec une conscience aussi tranquille, *J'espere en sa misericorde ?* Car, qu'aurons-nous fait pour la fléchir ? Quand aurons-nous écouté *la voix de celuy qui crie dans le desert, Préparez les voyes du Seigneur ?* Comment ? par la penitence. Mais serons-nous fort contens d'une penitence commencée à l'agonie, qui n'aura jamais esté éprouvée, dont jamais on n'aura veû aucun fruit ; d'une penitence imparfaite, d'une penitence nulle ; douteuse, si vous le voulez ; sans forces, sans réflexion, sans loisir pour en réparer les defauts ? N'en est-ce pas assez pour estre pénétré de crainte jusques dans la moëlle des os ? Pour celle dont nous parlons, ha, MES FRERES, toutes les vertus qu'elle a pratiquées se ramassent dans cette derniere parole, dans ce dernier acte de sa vie : la foy, le courage, l'abandon à Dieu, la crainte de ses jugemens, & cét amour plein de confiance, qui seul efface tout les pechez. Je ne m'étonne donc pas, si le saint Pasteur qui l'assista dans sa derniere maladie, & qui recueillit ses derniers soupirs, pénétré de tant de vertus, les porta jusques dans la chaire, & ne put s'empescher de les célébrer dans l'assemblée des Fidelles. Siécle vainement subtil, où l'on veut pecher avec raison, où la foiblesse veut s'autoriser par des maximes, où tant d'ames insensées cherchent leur repos dans le naufrage de la Foy, & ne font d'effort contre elles-mesmes que pour vaincre, au lieu de leurs passions, les remords de leur conscience : la Princesse Palatine t'est donnée *comme un signe & un prodige : in signum & in portentum.* Tu la verras au dernier jour, comme je t'en ay menacé, confondre ton impenitence & tes vaines excuses. Tu la verras se joindre à ces saintes Filles & à toute la troupe des Saints : & qui pourra soustenir leurs redoutables clameurs ? Mais que fera-ce quand Jesus-Christ paroistra luy-mesme à ces malheureux; quand ils verront celuy qu'ils auront percé, comme dit le Prophete; dont ils auront rouvert toutes les playes : & qui leur dira d'une voix terrible : *Pourquoy me dechirez-vous par vos blasphesmes*, nation impie? *Me configitis gens tota.* Ou si vous ne le faisiez pas par vos paroles, pourquoy le faisiez-vous par vos œuvres! Ou pourquoy avez-vous marché dans mes voyes d'un pas incertain; comme si mon autorité estoit douteuse? Race infidele, me connoissez-vous à cette fois? Suis-je vostre Roy, suis-je vostre Juge, suis-je vostre Dieu: Apprenez-le par vostre supplice. Là commencera ce pleur éternel; là ce grincement de dents, qui n'aura jamais de fin. Pendant que les orgueïlleux seront confondus, vous Fidelles *qui tremblez à sa parole,* en quelque endroit que vous soyez de cét Auditoire peu connus des hommes & connus de Dieu, vous commencerez à lever la teste. Si touchez des saints exemples que je vous propose, vous laissez attendrir vos cœurs; si Dieu a beni le travail, par lequel je tasche de vous enfanter en Jesus-Christ; & que trop indigne Ministre de ses conseils je n'y aye pas esté moi-mesme un obstacle : vous benirez la bonté divine, qui vous aura conduits à la pompe funebre de cette pieuse Princesse, où vous aurez peut-estre trouvé le commencement de la véritable vie. Et vous, Prince, qui l'avez tant honorée pendant qu'elle estoit au monde, qui favorable interprete de ses moindres desirs, continuez vostre protection & vos foins à tout ce qui luy fut cher, & qui luy donnez les dernieres marques de piété avec tant de magnificence & tant de zele : vous, Princesse, qui gémiffez en luy rendant ce trifte devoir, & qui avez efpéré de la voir revivre dans ce difcours : que vous diray-je pour vous confoler ? Comment pourray-je, Madame, arrefter ce torrent de larmes, que le temps n'a pas épuifé, que tant de juftes fujets de joye n'ont pas tari ? Reconnoiffez icy le monde : reconnoiffez fes maux toûjours plus réels que fes biens, & fes douleurs par conféquent plus vives & plus pénétrantes que fes joyes. Vous avez perdu ces heureux momens, où vous joüiffiez des tendreffes d'une mere, qui n'eut jamais fon égale : vous avez perdu cette fource inépuifable de fages confeils : vous avez perdu ces confolations, qui par un charme fecret faifoient oublier les maux dont la vie humaine n'eft jamais exempte. Mais il vous refte ce qu'il y a de plus précieux : l'efpérance de la rejoindre dans le jour de l'Eternité, & en attendant fur la terre, le fouvenir de fes inftructions, l'image de fes vertus, & les éxemples de fa vie.

ORAISON FUNEBRE

DE TRES-HAUT
ET PUISSANT SEIGNEUR

MESSIRE

MICHEL LE TELLIER

CHEVALIER

CHANCELIER DE FRANCE

*Prononcée en l'Eglise paroiſſiale de Saint-Gervais,
où il eſt inhumé, le 25. Janvier 1686.*

Par Messire Jacques Benigne BOSSUET

Eveſque de Meaux,
Conſeiller du Roy en ſes Conſeils,
Cy devant Précepteur de Monſeigneur le Dauphin, Premier Aumoſnier
de Madame la Dauphine.

A PARIS

Par Sebastien MABRE-CRAMOISY

IMPRIMEUR DU ROY ET DIRECTEUR DE SON IMPRIMERIE ROYALE

M. DC. LXXXVI.

ORAISON FUNEBRE

DE MESSIRE

MICHEL LE TELLIER

CHANCELIER DE FRANCE.

*Poſſide ſapientiam, acquire prudentiam;
arripe illam, & exaltabit te: glorificaberis
ab eâ, cùm eam fueris amplexatus.*

Poſſedez la ſageſſe, & aquerez la prudence:
ſi vous la cherchez avec ardeur, elle vous
élevera; & vous remplira de gloire, quand
vous l'aurez embraſſée.   Prov. IV. 7.

Messeigneurs,

N LOUANT l'homme incomparable
dont cette illuſtre Aſſemblée célebre les funérailles & honore les
vertus, je loûerai la ſageſſe meſme:
& la ſageſſe que je dois loûer dans
ce diſcours, n'eſt pas celle qui
éleve les hommes & qui agrandit
les maiſons; ni celle qui gouverne
les empires, qui regle la paix & la guerre, & enfin qui
dicte les loix, & qui diſpenſe les graces. Car encore que ce
grand Miniſtre, choiſi par la divine Providence pour pré-

fider aux Confeils du plus fage de tous les Rois, ait efté le digne inftrument des deffeins les mieux concertez que l'Europe ait jamais veûs ; encore que la fageffe, aprés l'avoir gouverné dés fon enfance, l'ait porté aux plus grands honneurs & au comble des félicitez humaines : fa fin nous a fait paroiftre que ce n'eftoit pas pour ces avantages qu'il en écoutoit les confeils. Ce que nous luy avons veû quitter fans peine, n'eftoit pas l'objet de fon amour. Il a connu la fageffe que le monde ne connoift pas ; cette fageffe *qui vient d'enhaut, qui defcend du Pere des lumieres*, & qui fait marcher les hommes dans les fentiers de la juftice. C'eft elle dont la prévoyance s'étend aux fiecles futurs, & enferme dans fes deffeins l'éternité toute entiere. Touché de fes immortels & invifibles attraits, il l'a recherchée avec ardeur, felon le précepte du Sage. *La fageffe vous élevera*, dit Salomon, *& vous donnera de la gloire quand vous l'aurez embraffée*. Mais ce fera une gloire que le fens humain ne peut comprendre. Comme ce fage & puiffant Miniftre afpiroit à cette gloire, il l'a préférée à celle dont il fe voyoit environné fur la terre. C'eft pourquoy fa modération l'a toûjours mis au-deffus de fa fortune. Incapable d'eftre ébloûï des grandeurs humaines, comme il y paroift fans oftentation, il y eft veû fans envie : & nous remarquons dans fa conduite ces trois caracteres de la véritable fageffe ; qu'élevé fans empreffement aux premiers honneurs, il a vécu auffi modefte que grand ; que dans fes importans emplois, foit qu'il nous paroiffe, comme Chancelier, chargé de la principale adminiftration de la Juftice, ou que nous le confidérions dans les autres occupations d'un long miniftere, fupérieur à fes interefts, il n'a regardé que le bien public; & qu'enfin dans une heureufe vieilleffe, preft à rendre avec fa grande ame le facré dépoft de l'autorité fi bien confié à ſes ſoins, il a veû diſparoiſtre toute ſa grandeur avec ſa vie, ſans qu'il luy en ait couſté un ſeul ſoûpir : tant il avoit mis en lieu haut & inacceſſible à la mort ſon cœur et ſes eſpérances. De ſorte qu'il nous paroiſt, ſelon la promeſſe du Sage, dans *une gloire immortelle*, pour s'eſtre ſoumis aux loix de la véritable ſageſſe, & pour avoir fait céder à la modeſtie l'éclat ambitieux des grandeurs humaines, l'intéreſt particulier à l'amour du bien public, & la vie meſme au deſir des biens éternels : & c'eſt la gloire qu'a remportée TRES-HAUT ET PUISSANT SEIGNEUR MESSIRE MICHEL LE TELLIER, CHEVALIER, CHANCELIER DE FRANCE.

LE GRAND Cardinal de Richelieu achevoit ſon glorieux miniſtere, & finiſſoit tout enſemble une vie pleine de merveilles. Sous ſa ferme & prévoyante conduite, la puiſſance d'Auſtriche ceſſoit d'eſtre redoutée, & la France ſortie enfin des guerres civiles commençoit à donner le branle aux affaires de l'Europe. On avoit une attention particuliere à celles d'Italie, & ſans parler des autres raiſons, Louis XIII. de glorieuſe & triomphante mémoire devoit ſa protection à la Ducheſſe de Savoye ſa ſœur & à ſes enfans. Jules Mazarin dont le nom devoit eſtre ſi grand dans noſtre hiſtoire, employé par la Cour de Rome en diverſes négotiations, s'eſtoit donné à la France; & propre par ſon genie & par ſes correſpondances à ménager les eſprits de ſa nation, il avoit fait prendre un cours ſi heureux aux conſeils du Cardinal de Richelieu, que ce Miniſtre ſe crut obligé de l'élever à la pourpre. Par-là il ſembla montrer ſon ſucceſſeur à la France; & le Cardinal Mazarin s'avançoit ſecretement à la premiere place. En ces temps MICHEL LE TELLIER encore Maiſtre des Requeſtes, eſtoit Intendant de Juſtice en Piémont. Mazarin que ſes négotiations attiroient ſouvent à Turin, fut ravi d'y trouver un homme d'une fi grande capacité & d'une conduite fi feure, dans les affaires : car les ordres de la Cour obligeoient l'Ambaffadeur à concerter toutes chofes avec l'Intendant, à qui la divine Providence faifoit faire ce léger apprentiffage des affaires d'Eftat. Il ne falloit qu'en ouvrir l'entrée à un genie fi perçant, pour l'introduire bien avant dans les fecrets de la politique. Mais fon efprit modéré ne fe perdoit pas dans ces vaftes penfées ; & renfermé à l'éxemple de fes peres dans les modeftes emplois de la robe, il ne jettoit pas feulement les yeux fur les engagemens éclatans, mais perilleux, de la Cour. Ce n'eft pas qu'il ne paruft toûjours fupérieur à fes emplois. Dés fa premiere jeuneffe tout cédoit aux lumieres de fon efprit auffi pénétrant & auffi net qu'il eftoit grave & ferieux. Pouffé par fes amis, il avoit paffé du Grand Confeil, fage compagnie où fa réputation vit encore, à l'importante charge de Procureur du Roy. Cette grande ville fe fouvient de l'avoir veû, quoy-que jeune, avec toutes les qualitez d'un grand magiftrat, oppofé non feulement aux brigues & aux partialitez qui corrompent l'intégrité de la Juftice, & aux préventions qui en obfcurciffent les lumieres, mais encore aux voyes irrégulieres & extraordinaires où elle perd avec fa conftance la véritable autorité de fes jugemens. On y vit enfin tout l'efprit & les maximes d'un juge, qui attaché à la regle ne porte pas fes propres penfées, ni des adouciffemens ou des rigueurs arbitraires dans le tribunal, & qui veut que les loix gouvernent & non pas les hommes. Telle eft l'idée qu'il avoit de la magiftrature. Il apporta ce mefme efprit dans le Confeil, où l'autorité du Prince, qu'on y éxerce avec un pouvoir plus abfolu, femble ouvrir un champ plus libre à la Juftice ; & toûjours femblable à luy-mefme, il y fuivit deflors la mefme regle qu'il y a établie depuis, quand il en a esté le chef.

Et certainement, Messieurs, je puis dire avec confiance, que l'amour de la Justice estoit comme né avec ce grave Magistrat, & qu'il croissoit avec luy dés son enfance. C'est aussi de cette heureuse naissance que sa modestie se fit un rempart contre les loüanges qu'on donnoit à son intégrité; & l'amour qu'il avoit pour la Justice ne luy parut pas mériter le nom de vertu, parce qu'il le portoit, disoit-il, en quelque maniere dans le sang. Mais Dieu qui l'avoit prédestiné à estre un exemple de Justice dans un si beau regne & dans la prémiere charge d'un si grand royaume, luy avoit fait regarder le devoir de Juge où il estoit appellé, comme le moyen particulier qu'il luy donnoit pour accomplir l'œuvre de son salut. C'estoit la sainte pensée qu'il avoit toûjours dans le cœur; c'estoit la belle parole qu'il avoit toûjours à la bouche : & par-là il faisoit assez connoistre combien il avoit pris le goust véritable de la piété chrestienne. Saint Paul en a mis l'éxercice, non pas dans ces pratiques particulieres que chacun se fait à son gré, plus attaché à ces loix qu'à celles de Dieu; mais à se sanctifier dans son estat, & *chacun dans les emplois de sa vocation. Unusquisque in qua vocatione vocatus est.* Mais si, selon la doctrine de ce grand Apostre, on trouve la sainteté dans les emplois les plus bas, & qu'un esclave s'éleve à la perfection dans le service d'un maistre mortel, pourveû qu'il y sçache regarder l'ordre de Dieu : à quelle perfection l'ame chrestienne ne peut-elle pas aspirer dans l'auguste & saint ministere de la Justice, puisque, selon l'Ecriture, *l'on y éxerce le jugement, non des hommes, mais du Seigneur mesme?* Ouvrez les yeux, Chrestiens; contemplez ces augustes tribunaux où la Justice rend ses oracles : vous y verrez avec David, *les Dieux de la terre, qui meurent à la vé-*

rité comme des hommes, mais qui cependant doivent juger comme des Dieux, fans crainte, fans paffion, fans intéreft; le Dieu des Dieux à leur tefte, comme le chante ce grand Roy d'un ton fi fublime dans ce divin pfeaume : *Dieu affifte*, dit-il, *à l'affemblée des Dieux, & au milieu il juge les Dieux*. O Juges, quelle majefté de vos féances! quel préfident de vos affemblées! Mais auffi quel cenfeur de vos jugemens! Sous ces yeux redoutables noftre fage Magiftrat écoutoit également le riche & le pauvre; d'autant plus pur & d'autant plus ferme dans l'adminiftration de la juftice, que fans porter fes regards fur les hautes places dont tout le monde le jugeoit digne, il mettoit fon élevation comme fon étude à fe rendre parfait dans fon eftat. Non, non, ne le croyez pas, que la juftice habite jamais dans les ames où l'ambition domine. Toute ame inquiete & ambitieufe eft incapable de regle. L'ambition a fait trouver ces dangereux expédiens, où femblable à un fepulcre blanchi, un juge artificieux ne garde que les apparences de la juftice. Ne parlons pas des corruptions qu'on a honte d'avoir à fe reprocher. Parlons de la lafcheté ou de la licence d'une juftice arbitraire, qui fans regle & fans maxime fe tourne au gré de l'ami puiffant. Parlons de la complaifance, qui ne veut jamais ni trouver le fil, ni arrefter le progrés d'une procedure malicieufe. Que diray-je du dangereux artifice qui fait prononcer à la Juftice, comme autrefois aux démons, des oracles ambigus & captieux? Que diray-je des difficultez qu'on fufcite dans l'éxécution, lors qu'on n'a pû refufer la juftice à un droit trop clair? *La loy eft déchirée*, comme difoit le Prophete, *& le jugement n'arrive jamais à fa perfection : Non pervenit ufque ad finem judicium*. Lors que le Juge veut s'agrandir, & qu'il change en une foupleffe de cour, le rigide &

inéxorable miniftere de la juftice, il fait naufrage contre ces écueïls. On ne voit dans fes jugemens qu'une juftice imparfaite; femblable, je ne craindray pas de le dire, à la juftice de Pilate : juftice qui fait femblant d'eftre vigoureufe, à caufe qu'elle réfifte aux tentations médiocres, & peut-eftre aux clameurs d'un peuple irrité; mais qui tombe & difparoift tout-à-coup, lors qu'on allegue, fans ordre mefme & mal à propos, le nom de Céfar. Que dis-je, le nom de Céfar? Ces ames proftituées à l'ambition ne fe mettent pas à fi haut prix : tout ce qui parle, tout ce qui approche, ou les gagne, ou les intimide, & la juftice fe retire d'avec elles. Que fi elle s'eft conftruit un fanctuaire éternel & incorruptible dans le cœur du fage MICHEL LE TELLIER, c'eft que libre des empreffemens de l'ambition, il fe voit élevé aux plus grandes places, non par fes propres efforts, mais par la douce impulfion d'un vent favorable; ou plûtoft, comme l'événement l'a juftifié, par un choix particulier de la divine Providence. Le Cardinal de Richelieu eftoit mort, peu regretté de fon Maiftre qui craignit de luy devoir trop. Le gouvernement paffé fut odieux : ainfi de tous les Miniftres le Cardinal Mazarin plus néceffaire & plus important, fut le feul dont le credit fe foûtint; & le Secretaire d'Eftat chargé des ordres de la guerre, ou rebuté d'un traitement qui ne répondoit pas à fon attente, ou déceu par la douceur apparente du repos qu'il crut trouver dans la folitude, ou flatté d'une fecrette efpérance de fe voir plus avantageufement rappellé par la néceffité de fes fervices, où agité de ces je ne fçay quelles inquiétudes dont les hommes ne fçavent pas fe rendre raifon à eux-mefmes, fe réfolut tout-à-coup à quitter cette grande charge. Le temps eftoit arrivé que noftre fage Miniftre devoit eftre montré à fon Prince & à fa patrie. Son mérite le fit chercher à Turin fans qu'il y penfaft. Le Cardinal Mazarin, plus heureux, comme vous verrez, de l'avoir trouvé, qu'il ne le conceût alors, rappella au Roy fes agréables fervices ; & le rapide moment d'une conjoncture imprévcuë, loin de donner lieu à la follicitation, n'en laiffa pas mefme au defir. Louis XIII. rendit au Ciel fon ame jufte & pieufe ; & il parut que noftre Miniftre eftoit réfervé au Roy fon fils. Tel eftoit l'ordre de la Providence, & je voy icy quelque chofe de ce qu'on lit dans Ifaïe. La fentence partit d'enhaut, & il fut dit à Sobna chargé d'un miniftere principal : *Je t'ofteray de ton pofte, & je te dépoferay de ton miniftere :* Expellam te de ftatione tua, & de minifterio tuo deponam te. *En ce temps j'appelleray mon ferviteur Eliakim, & je le reveftiray de ta puiffance.* Mais un plus grand honneur luy eft deftiné : le temps viendra, que par l'adminiftration de la Juftice, *il fera le père des habitans de Jerufalem & de la maifon de Juda :* Erit pater habitantibus Jerufalem. *La clef de la maifon de David,* c'eft à dire de la maifon regnante, *fera attachée à fes épaules : il ouvrira, & perfonne ne pourra fermer : il fermera, & perfonne ne pourra ouvrir :* il aura la fouveraine difpenfation de la juftice & des graces.

Parmi ces glorieux emplois noftre Miniftre a fait voir à toute la France, que fa modération durant quarante ans eftoit le fruit d'une fageffe confommée. Dans les fortunes médiocres, l'ambition encore tremblante fe tient fi cachée, qu'à peine fe connoift-elle elle-mefme. Lors qu'on fe voit tout d'un coup élevé aux places les plus importantes, & que je ne fçay quoy nous dit dans le cœur, qu'on mérite d'autant plus de fi grands honneurs, qu'ils font venus à nous comme d'eux-mefmes, on ne fe poffede plus ; & fi vous me permettez de vous dire une penſée de Saint Chryſoſtome, c'eſt aux hommes vulgaires un trop grand effort, que celuy de ſe refuſer à cette éclatante beauté qui ſe donne à eux. Mais noſtre ſage Miniſtre ne s'y laiſſa pas emporter. Quel autre parut d'abord plus capable des grandes affaires ? Qui connoiſſoit mieux les hommes & les temps ? Qui prévoyoit de plus loin, & qui donnoit des moyens plus ſeurs pour éviter les inconveniens dont les grandes entrepriſes ſont environnées ? Mais dans une ſi haute capacité & dans une ſi belle réputation, qui jamais a remarqué ou ſur ſon viſage un air dédaigneux, ou la moindre vanité dans ſes paroles ? Toûjours libre dans la converſation, toûjours grave dans les affaires, & toujours auſſi modéré que fort & inſinuant dans ſes diſcours, il prenoit ſur les eſprits un aſcendant que la ſeule raiſon luy donnoit. On voyoit & dans ſa maiſon & dans ſa conduite, avec des mœurs ſans reproche, tout également éloigné des extrémitez ; tout enfin meſuré par la ſageſſe. S'il ſceut ſoûtenir le poids des affaires, il ſceut auſſi les quitter, & reprendre ſon premier repos. Pouſſé par la cabale, Chaville le vit tranquille pendant pluſieurs mois, au milieu de l'agitation de toute la France. La Cour le rappelle en vain : il perſiſte dans ſa paiſible retraite, tant que l'eſtat des affaires le put ſouffrir, encore qu'il n'ignoraſt pas ce qu'on machinoit contre luy durant ſon abſence ; & il ne parut pas moins grand en demeurant ſans action, qu'il l'avoit paru en ſe ſoûtenant au milieu des mouvemens les plus hazardeux. Mais dans le plus grand calme de l'Eſtat, auſſitoſt qu'il luy fut permis de ſe repoſer des occupations de ſa charge ſur un fils qu'il n'euſt jamais donné au Roy, s'il ne l'euſt ſenti capable de le bien ſervir : aprés qu'il eût reconnu que le nouveau Secretaire d'Eſtat ſçavoit avec une ferme & continuelle action ſuivre les deſſeins &

exécuter les ordres d'un maiſtre ſi entendu dans l'art de la guerre : ni la hauteur des entrepriſes ne ſurpaſſoit ſa capacité, ni les ſoins infinis de l'exécution n'eſtoient au deſſus de ſa vigilance; tout eſtoit preſt aux lieux deſtinez; l'Ennemi également menacé dans toutes ſes places; les troupes auſſi vigoureuſes que diſciplinées n'attendoient que les derniers ordres du grand Capitaine, & l'ardeur que ſes yeux inſpirent; tout tombe ſous ſes coups, & il ſe voit l'arbitre du monde : alors le zélé Miniſtre dans une entiere vigueur d'eſprit & de corps, crut qu'il pouvoit ſe permettre une vie plus douce. L'épreuve en eſt hazardeuſe pour un homme d'Eſtat; & la retraite preſque toûjours a trompé ceux qu'elle flattoit de l'eſpérance du repos. Celuy-cy fut d'un caractere plus ferme. Les Conſeils où il aſſiſtoit luy laiſſoient preſque tout ſon temps; & aprés cette grande foule d'hommes & d'affaires qui l'environnoit, il s'eſtoit luy-meſme réduit à une eſpece d'oiſiveté & de ſolitude : mais il la ſceût ſoûtenir. Les heures qu'il avoit libres furent remplies de bonnes lectures, & ce qui paſſe toutes les lectures, de ſérieuſes réfléxions ſur les erreurs de la vie humaine, & ſur les vains travaux des politiques, dont il avoit tant d'experience. L'Eternité ſe préſentoit à ſes yeux, comme le digne objet du cœur de l'homme. Parmi ces ſages penſées, & renfermé dans un doux commerce avec ſes amis auſſi modeſtes que luy, car il ſçavoit les choiſir de ce caractere, & il leur apprenoit à le conſerver dans les emplois les plus importans & de la plus haute confiance, il gouſtoit un véritable repos dans la maiſon de ſes peres, qu'il avoit accommodée peu à peu à ſa fortune préſente, ſans luy faire perdre les traces de l'ancienne ſimplicité, joüiſſant en ſujet fidelle des proſpéritez de l'Eſtat & de la gloire de ſon Maiſtre. La charge de Chancelier vaqua, &

la France la deſtinoit à un Miniſtre ſi zélé pour la juſtice. Mais, comme dit le Sage : *Autant que le ciel
s'éleve, & que la terre s'incline au deſſous, autant le
cœur des Rois eſt impénétrable.* Enfin le moment du
Prince n'eſtoit pas encore arrivé ; & le tranquille Miniſtre qui connoiſſoit les dangereuſes jalouſies des
Cours, & les ſages temperamens des conſeils des Rois,
ſceût encore lever les yeux vers la divine Providence,
dont les decrets éternels reglent tous ces mouvemens.
Lors qu'aprés de longues années il ſe vit élevé à cette
grande charge, encore qu'elle receuſt un nouvel éclat
en ſa perſonne où elle eſtoit jointe à la confiance du
Prince ; ſans s'en laiſſer éblôûir, le modeſte Miniſtre diſoit ſeulement que le Roy, pour couronner plûtoſt la
longueur que l'utilité de ſes ſervices, vouloit donner un
titre à ſon tombeau, & un ornement à ſa famille. Tout
le reſte de ſa conduite répondit à de ſi beaux commencemens. Noſtre ſiecle qui n'avoit point veû de Chancelier ſi autoriſé, vit en celuy-cy autant de modération &
de douceur que de dignité & de force : pendant qu'il
ne ceſſoit de ſe regarder comme devant bientoſt rendre
compte à Dieu d'une ſi grande adminiſtration. Ses fré-
quentes maladies le mirent ſouvent aux priſes avec la
mort : éxercé par tant de combats, il en ſortoit toûjours
plus fort & plus réſigné à la volonté divine. La penſée
de la mort ne rendit pas ſa vieilleſſe moins tranquille
ni moins agréable. Dans la meſme vivacité on luy vit
faire ſeulement de plus graves réfléxions ſur la caducité
de ſon âge, & ſur le deſordre extréme que cauſeroit
dans l'Eſtat une ſi grande autorité dans des mains trop
foibles. Ce qu'il avoit veû arriver à tant de ſages vieillards qui ſembloient n'eſtre plus rien que leur ombre
propre, le rendoit continuellement attentif à luy-meſme.
Souvent il ſe diſoit en ſon cœur, que le plus malheu-

reux effet de cette foibleſſe de l'âge, eſtoit de ſe cacher à ſes propres yeux; de ſorte que tout-à-coup on ſe trouve plongé dans l'abiſme, ſans avoir pû remarquer le fatal moment d'un inſenſible déclin : & il conjuroit ſes enfans par toute la tendreſſe qu'il avoit pour eux, & par toute leur reconnoiſſance, qui faiſoit ſa conſolation dans ce court reſte de vie, de l'avertir de bonne heure, quand ils verroient ſa memoire vaciller ou ſon jugement s'affoiblir, afin que par un reſte de force il puſt garantir le public & ſa propre conſcience des maux dont les menaçoit l'infirmité de ſon âge. Et lors meſme qu'il ſentoit ſon eſprit entier, il prononçoit la meſme ſentence, ſi le corps abbatu n'y répondoit pas : car c'eſt la réſolution qu'il avoit priſe dans ſa derniere maladie : & plûtoſt que de voir languir les affaires avec luy, ſi ſes forces ne luy revenoient, il ſe condamnoit, en rendant les Sceaux, à rentrer dans la vie privée, dont auſſi jamais il n'avoit perdu le gouſt ; au hazard de s'enſevelir tout vivant, & de vivre peut-eſtre aſſez, pour ſe voir long-temps traverſé par la dignité qu'il auroit quittée : Tant il eſtoit au deſſus de ſa propre élevation & de toutes les grandeurs humaines !

Mais ce qui rend ſa modération plus digne de nos loûanges, c'eſt la force de ſon génie né pour l'action, & la vigueur qui durant cinq ans luy fit dévoûer ſa teſte aux fureurs civiles. Si aujourd'huy je me voy contraint de retracer l'image de nos malheurs, je n'en feray point d'excuſe à mon auditoire, où de quelque coſté que je me tourne, tout ce qui frappe mes yeux, me montre une fidélité irréprochable, ou peut-eſtre une courte erreur réparée par de longs ſervices. Dans ces fatales conjonctures, il falloit à un Miniſtre eſtranger un homme d'un ferme génie & d'une égale ſeûrété, qui nourri dans les compagnies, connuſt les ordres du Royaume

& l'esprit de la Nation. Pendant que la magnanime & intrépide Régente estoit obligée à montrer le Roy enfant aux Provinces, pour dissiper les troubles qu'on y excitoit de toutes parts : Paris & le cœur du Royaume demandoient un homme capable de profiter des momens sans attendre de nouveaux ordres, & sans troubler le concert de l'Estat. Mais le Ministre luy-mesme souvent éloigné de la Cour, au milieu de tant de conseils, que l'obscurité des affaires, l'incertitude des événemens, & les différens interests faisoient hazarder, n'avoit-il pas besoin d'un homme que la Régente pust croire ? Enfin il falloit un homme, qui pour ne pas irriter la haine publique déclarée contre le ministere, sceust se conserver de la créance dans tous les partis, & ménager les restes de l'autorité. Cét homme si nécessaire au jeune Roy, à la Régente, à l'Estat, au Ministre, aux cabales mesmes, pour ne les précipiter pas aux dernieres extrémitez par le désespoir : vous me prévenez, MESSIEURS, c'est celuy dont nous parlons. C'est donc icy, qu'il parut comme un génie principal. Alors nous le vismes s'oublier luy-mesme, & comme un sage pilote, sans s'étonner ni des vagues, ni des orages, ni de son propre péril, aller droit comme au terme unique d'une si perilleuse navigation, à la conservation du corps de l'Estat, & au rétablissement de l'autorité Royale. Pendant que la Cour réduisoit Bordeaux, & que GASTON laissé à Paris pour le maintenir dans le devoir, estoit environné de mauvais conseils; LE TELLIER fut le Chusaï qui les confondit, & qui asseûra la victoire à l'OINT DU SEIGNEUR. Fallut-il éventer les Conseils d'Espagne, & découvrir le secret d'une paix trompeuse que l'on proposoit afin d'exciter la sédition pour peu qu'on l'eust différée ? LE TELLIER en fit d'abord accepter les offres : nostre Plenipotentiaire partit; & l'Archiduc forcé d'avoûër qu'il n'avoit pas de pouvoir, fit connoiſtre luy-meſme au peuple émeû, ſi toutefois un peuple émeû connoiſt quelque choſe, qu'on ne faiſoit qu'abuſer de ſa crédulité. Mais s'il y eut jamais une conjoncture où il fallut montrer de la prévoyance & un courage intrepide, ce fut lors qu'il s'agit d'aſſeûrer la garde des trois illuſtres captifs. Quelle cauſe les fit arreſter : ſi ce fut ou des ſoupçons ou des véritez, ou de vaines terreurs ou de vrais périls, & dans un pas ſi gliſſant des précautions néceſſaires : qui le pourra dire à la poſtérité ? Quoy qu'il en ſoit, l'Oncle du Roy eſt perſuadé : on croit pouvoir s'aſſeûrer des autres Princes, & on en fait des coupables en les traitant comme tels. Mais où garder des lions toûjours preſts à rompre leurs chaiſnes ; pendant que chacun s'efforce de les avoir en ſa main, pour les retenir ou les laſcher au gré de ſon ambition ou de ſes vengeances ? GASTON que la Cour avoit attiré dans ſes ſentimens, eſtoit-il inacceſſible aux factieux ? Ne voy-je pas au contraire autour de luy des ames hautaines, qui pour faire ſervir les Princes à leurs intéreſts cachez, ne ceſſoient de luy inſpirer qu'il devoit s'en rendre le maiſtre ? De quelle importance, de quel éclat, de quelle réputation au dedans & au dehors d'eſtre le maiſtre du fort du PRINCE DE CONDÉ ? Ne craignons point de le nommer, puis qu'enfin tout eſt ſurmonté par la gloire de ſon grand nom & de ſes actions immortelles. L'avoir entre ſes mains, c'eſtoit y avoir la victoire meſme qui le ſuit éternellement dans les combats. Mais il eſtoit juſte que ce précieux dépoſt de l'Eſtat demeuraſt entre les mains du Roy, & il luy appartenoit de garder une ſi noble partie de ſon ſang. Pendant donc que noſtre Miniſtre travailloit à ce glorieux ouvrage où il y alloit de la Royauté & du ſalut de l'Eſtat, il fut ſeul en bute aux factieux. Luy ſeul, diſoient-ils, ſçavoit dire & taire ce qu'il falloit. Seul il fçavoit épancher & retenir fon difcours : impénétrable, il pénétroit tout ; & pendant qu'il tiroit le fecret des cœurs, il ne difoit, maiftre de luy-mefme, que ce qu'il vouloit. Il perçoit dans tous les fecrets, démefloit toutes les intrigues, découvroit les entreprifes les plus cachées & les plus fourdes machinations. C'eftoit ce fage dont il eft écrit : *Les confeils fe recelent dans le cœur de l'homme à la maniere d'un profond abifme, fous une eau dormante : mais l'homme fage les épuife ;* il en découvre le fond : *Sicut aqua profunda, fic confilium in corde viri : vir fapiens exhauriet illud.* Luy feul réüniffoit les gens de bien, rompoit les liaifons des factieux, en déconcertoit les defleins, & alloit recueillir dans les égarez ce qu'il y reftoit quelquefois de bonnes intentions. GASTON ne croyoit que luy ; & luy feul fçavoit profiter des heureux momens, & des bonnes difpofitions d'un fi grand Prince. *Venez, venez, faifons contre luy de fecrettes menées : Venite, cogitemus adverfus eum cogitationes.* Uniffons-nous pour le décréditer ; tous enfemble *frapons-le de noftre langue, & ne foufrons plus qu'on écoute tous fes beaux difcours : Percutiamus eum linguâ, neque attendamus univerfos fermones ejus.* Mais on faifoit contre luy de plus funeftes complots. Combien receût-il d'avis fecrets, que fa vie n'eftoit pas en feûreté ! Et il connoiffoit dans le parti, de ces fiers courages dont la force malheureufe & l'efprit extrême ofe tout, & fçait trouver des éxécuteurs. Mais fa vie ne luy fut pas précieufe, pourveû qu'il fuft fidelle à fon miniftere. Pouvoit-il faire à Dieu un plus beau facrificé, que de luy offrir une ame pure de l'iniquité de fon fiecle, & dévoûée à fon Prince & à fa patrie. JESUS nous en a montré l'exemple ; les Juifs mefmes le reconnoiffoient pour un fi bon citoyen, qu'ils crurent ne pouvoir donner auprés de luy une meilleure recommendation à ce Centenier, qu'en difant à noftre Sauveur : *Il aime noftre nation*. Jérémie a-t-il plus verfé de larmes que luy fur les ruines de fa patrie ? Que n'a pas fait ce Sauveur miféricordieux pour prévenir les malheurs de fes citoyens ? Fidelle au Prince comme à fon païs, il n'a pas craint d'irriter l'envie des Pharifiens en défendant les droits de Céfar : & lors qu'il eft mort pour nous fur le Calvaire, victime de l'univers, il a voulu que le plus chéri de fes Evangeliftes ramarquaft, qu'il mourroit fpecialement *pour fa nation : quia moriturus erat progente*. Si noftre zélé Miniftre, touché de ces véritez, expofa fa vie, craindroit-il de hazarder fa fortune ? Ne fçait-on pas qu'il falloit fouvent s'oppofer aux inclinations du Cardinal fon bienfaicteur ? Deux fois, en grand politique, ce judicieux favori fceût céder au temps, & s'éloigner de la Cour. Mais il le faut dire : toûjours il y vouloit revenir trop toft. Le Tellier s'oppofoit à fes impatiences jufqu'à fe rendre fufpect; & fans craindre ni fes envieux, ni les défiances d'un Miniftre également foupçonneux & ennuyé de fon eftat, il alloit d'un pas intrépide où la raifon d'Eftat le déterminoit. Il fçeût fuivre ce qu'il confeilloit. Quand l'éloignement de ce grand Miniftre euft attiré celuy de fes confidens : fupérieur par cét endroit au Miniftre mefme, dont il admiroit d'ailleurs les profonds confeils, nous l'avons veû retiré dans fa maifon, où il conferva fa tranquillité parmi les incertitudes des émotions populaires & d'une Cour agitée ; & réfigné à la Providence, il vit fans inquiétude fremir alentour les flots irritez. Et parce qu'il fouhaitoit le rétabliffement du Miniftre, comme un fouftien néceffaire de la réputation & de l'autorité de la Régence, & non pas, comme plufieurs autres, pour fon intéreft, que le pofte qu'il occupoit luy donnoit affez de moyens de ménager d'ailleurs :

aucun mauvais traitement ne le rebutoit. Un beau-frere facrifié malgré fes fervices, luy montroit ce qu'il pouvoit craindre. Il fçavoit, crime irrémiffible dans les Cours, qu'on écoutoit des propofitions contre luy-mefme, & peut-eftre que fa place euft efté donnée, fi on euft pû la remplir d'un homme auffi feûr. Mais il n'en tenoit pas moins la balance droite. Les uns donnoient au Miniftre des efpérances trompeufes; les autres luy infpiroient de vaines terreurs, & en s'empreffant beaucoup, ils faifoient les zélez & les importans. Le Tellier luy montroit la vérité, quoy-que fouvent importune; & induftrieux à fe cacher dans les actions éclatantes, il en renvoyoit la gloire au Miniftre, fans craindre dans le mefme temps de fe charger des refus que l'intéreft de l'Eftat rendoit néceffaires. Et c'eft delà qu'il eft arrivé, qu'en méprifant par raifon la haine de ceux dont il luy falloit combatre les prétentions, il en aqueroit l'eftime, & fouvent mefme l'amitié & la confiance. L'Hiftoire en racontera de fameux éxemples : je n'ay pas befoin de les rapporter; & content de remarquer des actions de vertu dont les fages auditeurs puiffent profiter, ma voix n'eft pas deftinée à fatisfaire les politiques ni les curieux. Mais puis-je oublier celuy que je voy par tout dans le recit de nos malheurs? Cét homme fi fidelle aux particuliers, fi redoutable à l'Eftat, d'un caractere fi haut qu'on ne pouvoit ni l'eftimer, ni le craindre, ni l'aimer, ni le haïr à demi; ferme génie, que nous avons veû en ébranlant l'univers s'attirer une dignité qu'à la fin il voulut quitter comme trop cherement achetée, ainfi qu'il eût le courage de le reconnoiftre dans le lieu le plus éminent de la Chreftienté, & enfin comme peu capable de contenter fes defirs : tant il connut fon erreur, & le vuide des grandeurs humaines. Mais pendant qu'il vouloit aquerir ce qu'il

devoit un jour méprifer, il remua tout par de fecrets &
puiffans. refforts; & aprés que tous les partis furent
abbatus, il fembla encore fe foûtenir feul, & feul encore
menacer le favori victorieux, de fes triftes & intrépides
regards. La Religion s'intéreffe dans fes infortunes ; la
Ville Royale s'émeut; & Rome mefme menace. Quoy
donc, n'eft-pas affez que nous foyons attaquez au
dedans & au dehors par toutes les puiffances temporelles? Faut-il que la Religion fe mefle de nos malheurs, & qu'elle femble nous oppofer de prés & de loin
une autorité facrée? Mais par les foins du fage Michel
le Tellier, Rome n'eût point à reprocher au Cardinal
Mazarin d'avoir terni l'éclat de la pourpre dont il eftoit
reveftu : les affaires Ecclefiaftiques prirent une forme
réglée : ainfi le calme fut rendu à l'Eftat : on revoit dans
fa premiere vigueur l'autorité affoiblie : Paris & tout
le Royaume avec un fidelle & admirable empreffement
reconnoift fon Roy gardé par la Providence, & réfervé
à fes grands ouvrages : le zele des compagnies, que de
triftes expériences avoient éclairées, eft inébranlable :
les pertes de l'Eftat font réparées : le Cardinal fait la
paix avec avantage : au plus haut point de fa gloire, fa
joye eft troublée par la trifte apparition de la mort :
intrépide, il domine jufqu'entre fes bras & au milieu
de fon ombre : il femble qu'il ait entrepris de montrer
à toute l'Europe, que fa faveur attaquée par tant
d'endroits, eft fi hautement rétablie, que tout devient
foible contre elle, jufqu'à une mort prochaine & lente.
Il meurt avec cette trifte confolation ; & nous voyons
commencer ces belles années, dont on ne peut affez
admirer le cours glorieux. Cependant la grande & pieufe
Anne d'Austriche rendoit un perpetuel témoignage à
l'inviolable fidélité de noftre Miniftre, où parmi tant de
divers mouvemens elle n'avoit jamais remarqué un pas

douteux. Le Roy qui dés fon enfance l'avoit veû toûjours attentif au bien de l'Eſtat, & tendrement attaché à fa perfonne facrée, prenoit confiance en fes confeils; & le Miniſtre confervoit fa modération, foigneux fur tout de cacher l'important fervice qu'il rendoit continuellement à l'Eſtat, en faifant connoiſtre les hommes capables de remplir les grandes places, & en leur rendant à propos des offices qu'ils ne fçavoient pas. Car que peut faire de plus utile un zélé Miniſtre, puis que le Prince, quelque grand qu'il foit, ne connoiſt fa force qu'à demi, s'il ne connoiſt les grands hommes que la Providence fait naiſtre en fon temps pour le feconder? Ne parlons pas des vivans, dont les vertus non plus que les loûanges ne font jamais feûres dans le variable eſtat de cette vie. Mais je veux icy nommer par honneur le fage, le docte & le pieux LAMOIGNON, que noſtre Miniſtre propofoit toujours comme digne de prononcer les oracles de la juſtice dans le plus majeſtueux de fes tribunaux. La Juſtice leur commune amie les avoit unis : & maintenant ces deux ames pieufes, touchées fur la terre du mefme defir de faire regner les loix, contemplent enfemble à découvert les loix éternelles d'où les noſtres font dérivées ; & fi quelque légere trace de nos foibles diſtinctions paroiſt encore dans une fi fimple & fi claire vifion, elles adorent Dieu en qualité de Juſtice & de Regle.

Ecce in juſtitia regnabit Rex, & Principes in judicio præerunt : Le Roy regnera felon la juſtice, & les juges préfideront en jugement. La juſtice paffe du Prince dans les magiſtrats, & du trône elle fe répand fur les tribunaux. C'eſt dans le regne d'Ezechias le modele de nos jours. Un Prince zélé pour la juſtice nomme un principal & univerfel Magiſtrat capable de contenter fes defirs. L'infatigable Miniſtre ouvre des yeux attentifs fur tous les tribunaux : animé des ordres du Prince, il y établit la regle, la difcipline, le concert, l'efprit de juftice. Il fçait que fi la prudence du fouverain Magiftrat eft obligée quelquefois dans les cas extraordinaires de fuppléer à la prévoyance des loix, c'eft toûjours en prenant leur efprit ; & enfin qu'on ne doit fortir de la regle, qu'en fuivant un fil qui tienne, pour ainfi dire, à la regle mefme. Confulté de toutes parts, il donne des réponfes courtes, mais décifives, auffi pleines de fageffe que de dignité ; & le langage des loix eft dans fon difcours. Par toute l'étenduë du Royaume chacun peut faire fes plaintes, affeûré de la protection du Prince ; & la Juftice ne fut jamais ni fi éclairée ni fi fecourable. Vous voyez comme ce fage Magiftrat modere tout le corps de la Juftice. Voulez-vous voir ce qu'il fait dans la fphere où il eft attaché, & qu'il doit mouvoir par luy-mefme ? Combien de fois s'eft-on plaint, que les affaires n'avoient ni de regle ni de fin ; que la force des chofes jugées n'eftoit prefque plus connuë ; que la compagnie où l'on renverfoit avec tant de facilité les jugemens de toutes les autres, ne refpectoit pas davantage les fiens ; enfin, que le nom du Prince eftoit employé à rendre tout incertain, & que fouvent l'iniquité fortoit du lieu d'où elle devoit eftre foudroyée ? Sous le fage MICHEL LE TELLIER le Confeil fit fa véritable fonction ; & l'autorité de fes arrefts, femblable à un jufte contrepoids, tenoit par tout le Royaume la balance égale. Les Juges que leurs coups hardis & leurs artifices faifoient redouter, furent fans credit : leur nom ne fervit qu'à rendre la Juftice plus attentive. Au Confeil comme au Sceau, la multitude, la variété, la difficulté des affaires n'étonnerent jamais ce grand Magiftrat : il n'y avoit rien de plus difficile, ni auffi de plus hazardeux, que de le furprendre ; & dés le commencement de son ministere, cette irrévocable sentence sortit de sa bouche, que le crime de le tromper seroit le moins pardonnable. De quelque belle apparence que l'iniquité se couvrist, il en pénétroit les détours ; & d'abord il sçavoit connoistre, mesme sous les fleurs, la marche tortueuse de ce serpent. Sans chastiment, sans rigueur, il couvroit l'injustice de confusion, en luy faisant seulement sentir qu'il la connoissoit ; & l'exemple de son infléxible régularité fut l'inévitable censure de tous les mauvais desseins. Ce fut donc par cét éxemple admirable, plus encore que par ses discours & par ses ordres, qu'il établit dans le Conseil une pureté & un zele de la justice, qui attire la vénération des peuples, asseûre la fortune des particuliers, affermit l'ordre public, & fait la gloire de ce regne. Sa justice n'estoit pas moins prompte qu'elle estoit éxacte. Sans qu'il fallust le presser, les gemissemens des malheureux plaideurs qu'il croyoit entendre nuit & jour, estoient pour luy une perpetuelle & vive sollicitation. Ne dites pas à ce zélé Magistrat, qu'il travaille plus que son grand âge ne le peut souffrir : vous irriterez le plus patient de tous les hommes. Est-on, disoit-il, dans les places pour se reposer & pour vivre ? ne doit-on pas sa vie à Dieu, au Prince & à l'Estat ? Sacrez autels, vous m'estes témoins, que ce n'est pas aujourd'huy par ces artificieuses fictions de l'éloquence, que je luy mets en la bouche ces fortes paroles ! sçache la postérité, si le nom d'un si grand Ministre fait aller mon discours jusqu'à elle, que j'ay moy-mesme souvent entendu ces saintes réponses. Aprés de grandes maladies causées par de grands travaux, on voyoit revivre cét ardent desir de reprendre ses éxercices ordinaires au hazard de retomber dans les mesmes maux ; & tout sensible qu'il estoit aux tendresses de sa famille, il l'accoustumoit à ces courageux fentimens. C'eft, comme nous l'avons dit, qu'il faifoit confifter avec fon falut le fervice particulier qu'il devoit à Dieu dans une fainte adminiftration de la juftice. Il en faifoit fon culte perpetuel, fon facrifice du matin & du foir, felon cette parole du Sage : *La juftice vaut mieux devant Dieu, que de luy offrir des victimes.* Car quelle plus fainte hoftie, quel encens plus doux, quelle priere plus agréable, que de faire entrer devant foy la caufe de la veuve, que d'effuyer les larmes du pauvre oppreffé, & de faire taire l'iniquité par toute la terre ? Combien le pieux Miniftre eftoit touché de ces véritez, fes paifibles audiances le faifoient paroiftre. Dans les audiances vulgaires l'un toûjours précipité vous trouble l'efprit ; l'autre avec un vifage inquiet, & des regards incertains, vous ferme le cœur : celuy-là fe prefente à vous par couftume ou par bienféance, & il laiffe vaguer fes penfées fans que vos difcours arreftent fon efprit diftrait ; celuy-cy plus cruel encore, a les oreilles bouchées par fes préventions, & incapable de donner entrée aux raifons des autres il n'écoute que ce qu'il a dans fon cœur. A la facile audiance de ce fage Magiftrat, & par la tranquillité de fon favorable vifage, une ame agitée fe calmoit. C'eft-là qu'on trouvoit *ces douces réponfes qui appaifent la colere, & ces paroles qu'on préfere aux dons :* Verbum meliùs quàm datum. Il connoiffoit les deux vifages de la Juftice : l'un facile dans le premier abord ; l'autre févere & impitoyable quand il faut conclure. Là elle veut plaire aux hommes, & également contenter les deux partis : icy elle ne craint, ni d'offenfer le puiffant, ni d'affliger le pauvre & le foible. Ce charitable Magiftrat eftoit ravi d'avoir à commencer par la douceur ; & dans toute l'adminiftration de la juftice il nous paroiffoit un homme que fa nature avoit fait bienfaisant, & que la raison rendoit infléxible. C'est par où il avoit gagné les cœurs. Tout le Royaume faisoit des vœux pour la prolongation de ses jours : on se reposoit sur sa prévoyance : ses longues expériences estoient pour l'Estat un tresor inépuisable de sages conseils ; & sa justice, sa prudence, la facilité qu'il apportoit aux affaires, luy méritoient la vénération & l'amour de tous les peuples. O Seigneur, vous avez fait, comme dit le Sage, *l'œil qui regarde, & l'oreille qui écoute!* Vous donc qui donnez aux Juges ces regards benins, ces oreilles attentives, & ce cœur toûjours ouvert à la vérité, écoutez-nous pour celuy qui écoutoit tout le monde. Et vous, doctes interpretes des loix, fidelles dépositaires de leurs secrets, & implacables vengeurs de leur sainteté méprisée, suivez ce grand éxemple de nos jours. Tout l'univers a les yeux sur vous : affranchis des interests & des passions, sans yeux comme sans mains, vous marchez sur la terre semblables aux esprits célestes : ou plûtost images de Dieu, vous en imitez l'indépendance ; comme luy vous n'avez besoin ni des hommes ni de leurs presens ; comme luy vous faites justice à la veuve & au pupille ; l'étranger n'implore pas en vain vostre secours ; & asseûrez que vous éxercez la puissance du Juge de l'univers, vous n'épargnez personne dans vos jugemens. Puisse-t-il avec ses lumieres & avec son esprit de force vous donner cette patience, cette attention, & cette docilité toûjours accessible à la raison que Salomon luy demandoit pour juger son peuple.

Mais ce que cette chaire, ce que ces autels, ce que l'Evangile que j'annonce, & l'éxemple du grand Ministre dont je célebre les vertus, m'oblige à recommander plus que toutes choses, c'est les droits sacrez de l'Eglise. L'Eglise ramasse ensemble tous les titres par où l'on peut efpérer le fecours de la juftice. La juftice doit une affiftance particuliere aux foibles, aux orfelins, aux époufes delaiffées, & aux étrangers. Qu'elle eft forte cette Eglife, & que redoutable eft le glaive que le Fils de Dieu luy a mis dans la main ! Mais c'eft un glaive fpirituel, dont les fuperbes & les incrédules ne reffentent pas le *double tranchant*. Elle eft fille du Tout-puiffant : mais fon Pere qui la foûtient au dedans, l'abandonne fouvent aux perfécuteurs ; & à l'éxemple de Jesus-Christ, elle eft obligée de crier dans fon agonie : *Mon Dieu, mon Dieu, pourquoy m'avez-vous délaiffée ?* Son Epoux eft le plus puiffant comme le plus beau & le plus parfait de tous les enfans des hommes ; mais elle n'a entendu fa voix agreable, elle n'a joûï de fa douce & defirable préfence qu'un moment : tout d'un coup il a pris la fuite avec une courfe rapide, *& plus vifte qu'un faon de biche il s'eft élevé au deffus des plus hautes montagnes.* Semblable à une époufe défolée, l'Eglife ne fait que gémir, & le chant de la tourterelle délaiffée eft dans fa bouche. Enfin elle eft étrangere & comme errante fur la terre, où elle vient recueïllir les enfans de Dieu fous fes aifles ; & le monde qui s'efforce de les luy ravir, ne ceffe de traverfer fon pélerinage. Mere affligée, elle a fouvent à fe plaindre de fes enfans qui l'oppriment : on ne ceffe d'entreprendre fur fes droits facrez : fa puiffance célefte eft affoiblie, pour ne pas dire tout-à-fait éteinte. On fe venge fur elle de quelques-uns de fes miniftres trop hardis ufurpateurs des droits temporels : à fon tour la puiffance temporelle a femblé vouloir tenir l'Eglife captive, & fe récompenfer de fes pertes fur Jesus-Christ mefme : les tribunaux féculiers ne retentiffent que des affaires ecclefiaftiques : on ne fonge pas au don particulier qu'a receû l'Ordre Apoftolique pour les décider ; don célefte que nous ne recevons qu'une fois *par l'impofition des mains;* mais que Saint Paul nous ordonne de ranimer, de renouveller, & de rallumer fans ceffe en nous-mefmes comme un feu divin, afin que la vertu en foit immortelle dans l'Ordre facré. Ce don nous eft-il feulement accordé pour annoncer la fainte parole, ou pour fanctifier les ames par les Sacremens? N'eft-ce pas auffi pour policer les Eglifes, pour y établir la difcipline, pour appliquer les Canons infpirez de Dieu à nos faints prédéceffeurs, & accomplir tous les devoirs du miniftere ecclefiaftique? Autrefois & les Canons & les Loix, & les Evefques & les Empereurs concouroient enfemble à empefcher les miniftres des autels de paroiftre, pour les affaires mefme temporelles, devant les juges de la terre : on vouloit avoir des interceffeurs purs du commerce des hommes, & on craignoit de les rengager dans le fiecle d'où ils avoient été féparez pour eftre le partage du Seigneur. Maintenant c'eft pour les affaires ecclefiaftiques, qu'on les y voit entraifnez : tant le fiecle a prévalu, tant l'Eglife eft foible & impuiffante! Il eft vray que l'on commence à l'écouter : l'augufte Confeil & le premier Parlement donnent du fecours à fon autorité bleffée : les fources du droit font révélées : les faintes maximes revivent. Un Roy zélé pour l'Eglife, & toûjours preft à luy rendre davantage qu'on ne l'accufe de luy ofter, opere ce changement heureux : fon fage & intelligent Chancelier feconde fes defirs : fous la conduite de ce Miniftre nous avons comme un nouveau code favorable à l'Epifcopat; & nous vanterons deformais à l'éxemple de nos peres les Loix unies aux Canons. Quand ce fage Magiftrat renvoie les affaires ecclefiaftiques aux tribunaux féculiers, fes doctes Arrefts leur marquent la voye qu'ils doivent tenir, & le remede qu'il pourra donner à leurs entreprifes. Ainfi la fainte clôture protectrice de l'humilité & de l'innocence est établie : ainsi la puissance séculiere ne donne plus ce qu'elle n'a pas ; & la sainte subordination des puissances ecclesiastiques, image des célestes hierarchies & lien de nostre unité, est conservée : ainsi la clericature joüit par tout le Royaume de son privilege : ainsi sur le sacrifice des vœux & sur *ce grand Sacrement de* l'indissoluble *union de* Jesus-Christ *avec son Eglise*, les opinions sont plus saines dans le barreau éclairé, & parmi les magistrats intelligens, que dans les livres de quelques auteurs qui se disent ecclesiastiques & theologiens. Un grand Prélat a part à ces grands ouvrages : habile autant qu'agréable intercesseur auprés d'un Pere porté par luy-mesme à favoriser l'Eglise, il sçait ce qu'il faut attendre de la piété éclairée d'un grand Ministre, & il représente les droits de Dieu sans blesser ceux de César. Aprés ces commencemens, ne pourrons-nous pas enfin espérer que les jaloux de la France n'auront pas éternellement à luy reprocher les Libertez de l'Eglise toûjours employées contre elle-mesme ? Ame pieuse du sage Michel le Tellier, aprés avoir avancé ce grand ouvrage, recevez devant ces autels ce témoignage sincere de vostre Foy & de nostre reconnoissance, de la bouche d'un Evesque trop tost obligé à changer en sacrifices pour vostre repos, ceux qu'il offroit pour une vie si précieuse. Et vous, saints Evesques, interpretes du ciel, juges de la terre, Apostres, Docteurs, & serviteurs des Eglises ; vous qui sanctifiez cette assemblée par vostre présence, & vous qui disperfez par tout l'univers entendrez le bruit d'un ministere si favorable à l'Eglise : offrez à jamais de saints sacrifices pour cette ame pieuse. Ainsi puisse la discipline ecclesiastique estre entierement rétablie ; ainsi puisse estre renduë la majesté à vos tribunaux, l'autorité à vos jugemens, la gravité

& le poids à vos cenfures : puiffiez-vous fouvent affemblez au nom de Jesus-Christ l'avoir au milieu de vous, & revoir la beauté des anciens jours. Qu'il me foit permis du moins de faire des vœux devant ces autels; de foupirer aprés les antiquitez devant une compagnie fi éclairée, & d'annoncer la fageffe entre les parfaits! Mais, Seigneur, que ce ne foit pas feulement des vœux inutiles! Que ne pouvons-nous obtenir de voftre bonté, fi comme nos prédéceffeurs nous faifons nos chaftes délices de voftre Ecriture, noftre principal éxercice de la prédication de voftre parole, & noftre félicité de la fanctification de voftre peuple ; fi attachez à nos troupeaux par un faint amour, nous craignons d'en eftre arrachez; fi nous fommes foigneux de former des Preftres que Louis puiffe choifir pour remplir nos chaires ; fi nous luy donnons le moyen de décharger fa confcience de cette partie la plus perilleufe de fes devoirs ; & que par une regle inviolable ceux-là demeurent exclus de l'Epifcopat, qui ne veulent pas y arriver par des travaux Apoftoliques? Car auffi comment pourrons-nous fans ce fecours incorporer tout-à-fait à l'Eglife de Jesus-Christ, tant de peuples nouvellement convertis, & porter avec confiance un fi grand accroiffement de noftre fardeau ? Ha, fi nous ne fommes infatigables à inftruire, à reprendre, à confoler, à donner le lait aux infirmes, & le pain aux forts, enfin à cultiver ces nouvelles plantes, & à expliquer à ce nouveau peuple la fainte parole, dont, helas! on s'eft tant fervi pour le féduire : *le fort armé chaffé de fa demeure reviendra* plus furieux que jamais, *avec fept efprits plus malins que luy, & noftre eftat deviendra pire que le précédent!* Ne laiffons pas cependant de publier ce miracle de nos jours : faifons-en paffer le recit aux fiecles futurs. Prenez vos plumes facrées, vous qui compofez les

Annales de l'Eglife : agiles inftrumens *d'un prompt écrivain & d'une main diligente*, haftez-vous de mettre Louis avec les Conftantins & les Theodofes. Ceux qui vous ont précédé dans ce beau travail, racontent *qu'avant qu'il y euft eû des Empereurs, dont les loix euffent ofté les affemblées aux Hérétiques, les fectes demeuroient unies, & s'entretenoient long-temps. Mais*, pourfuit Sozomene, *depuis que Dieu fufcita des Princes Chreftiens, & qu'ils eurent défendu ces conventicules, la loy ne permettoit pas aux Hérétiques de s'affembler en public ; & le Clergé qui veilloit fur eux les empefchoit de le faire en particulier. De cette forte, la plus grande partie fe reüniffoit, & les opiniaftres mouroient fans laiffer de poftérité, parce qu'ils ne pouvoient ni communiquer entre eux, ni enfeigner librement leurs dogmes.* Ainfi tomboit l'Héréfie avec fon venin ; & la difcorde rentroit dans les enfers, d'où elle eftoit fortie. Voilà, Messieurs, ce que nos peres ont admiré dans les premiers fiecles de l'Eglife. Mais nos peres n'avoient pas veû, comme nous, une Héréfie invétérée tomber tout-à-coup : les troupeaux égarez revenir en foule, & nos églifes trop étroites pour les recevoir : leurs faux pafteurs les abandonner, fans mefme en attendre l'ordre, & heureux d'avoir à leur alleguer leur banniffement pour excufe : tout calme dans un fi grand mouvement : l'univers étonné de voir dans un événement fi nouveau la marque la plus affeûrée, comme le plus bel ufage de l'autorité, & le mérite du Prince plus reconnu & plus révéré que fon autorité mefme. Touchez de tant de merveilles, épanchons nos cœurs fur la piété de Louis. Pouffons jufqu'au Ciel nos acclamations ; & difons à ce nouveau Conftantin, à ce nouveau Théodofe, à ce nouveau Marcien, à ce nouveau Charlemagne, ce que les fix cens trente Peres dirent autrefois dans le Concile de

Chalcedoine : *Vous avez affermi la Foy ; vous avez exterminé les Hérétiques : c'est le digne ouvrage de vostre Regne ; c'en est le propre caractere. Par vous l'Héréfie n'est plus : Dieu seul a pu faire cette merveille. Roy du Ciel, conservez le Roy de la terre : c'est le vœu des Eglises ; c'est le vœu des Evesques.*

Quand le sage Chancelier receût l'ordre de dresser ce pieux Edit qui donne le dernier coup à l'Héréfie, il avoit déjà ressenti l'atteinte de la maladie dont il est mort. Mais un Ministre si zélé pour la justice, ne devoit pas mourir avec le regret de ne l'avoir pas renduë à tous ceux dont les affaires estoient préparées. Malgré cette fatale foiblesse qu'il commençoit de sentir, il écouta, il jugea, & il gousta le repos d'un homme heureusement dégagé, à qui ni l'Eglise, ni le monde, ni son Prince, ni sa patrie, ni les particuliers, ni le public n'avoient plus rien à demander. Seulement Dieu luy réservoit l'accomplissement du grand ouvrage de la Religion ; & il dit en scellant la révocation du fameux Edit de Nantes, qu'après ce triomphe de la Foy & un si beau monument de la piété du Roy, il ne se soucioit plus de finir ses jours. C'est la derniere parole qu'il ait prononcée dans la fonction de sa charge : parole digne de couronner un si glorieux ministere ! En effet, la mort se déclare : on ne tente plus de remede contre ses funestes attaques : dix jours entiers il la considere avec un visage asseûré ; tranquille, toûjours assis comme son mal le demandoit, on croit assister jusqu'à la fin ou à la paisible audiance d'un Ministre, ou à la douce conversation d'un ami commode. Souvent il s'entretient seul avec la mort : la memoire, le raisonnement, la parole ferme, & aussi vivant par l'esprit qu'il estoit mourant par le corps, il semble luy demander d'où vient qu'on la nomme cruelle. Elle luy fut nuit & jour toûjours présente ; car il ne connoiſſoit plus le ſommeil, & la froide main de la mort pouvoit ſeule luy clorre les yeux. Jamais il ne fut ſi attentif : *Je ſuis*, diſoit-il, *en faction;* car il me ſemble que je luy voy prononcer encore cette courageuſe parole. Il n'eſt pas temps de ſe repoſer : à chaque attaque il ſe tient preſt, & il attend le moment de ſa délivrance. Ne croyez pas que cette conſtance ait pu naiſtre tout-à-coup entre les bras de la mort : c'eſt le fruit des méditations que vous avez veües, & de la préparation de toute la vie. La mort révele les ſecrets des cœurs. Vous, riches, vous qui vivez dans les joyes du monde, ſi vous ſçaviez avec quelle facilité vous vous laiſſez prendre aux richeſſes que vous croyez poſſeder; ſi vous ſçaviez par combien d'imperceptibles liens, elles s'attachent, & pour ainſi dire, elles s'incorporent à voſtre cœur, & combien ſont forts & pernicieux ces liens que vous ne ſentez pas : vous entendriez la vérité de cette parole du Sauveur : *Malheur à vous, riches !* & *vous pouſſeriez*, comme dit Saint Jacques, *des cris lamentables & des hurlemens à la veüe de vos miſeres.* Mais vous ne ſentez pas un attachement ſi déréglé. Le deſir ſe fait mieux ſentir, parcequ'il a de l'agitation & du mouvement. Mais dans la poſſeſſion, on trouve comme dans un lit un repos funeſte, & on s'endort dans l'amour des biens de la terre ſans s'appercevoir de ce malheureux engagement. C'eſt, MES FRERES, où tombe celuy qui met ſa confiance dans les richeſſes; je dis meſme dans les richeſſes bien aquiſes. Mais l'excés de l'attachement que nous ne ſentons pas dans la poſſeſſion, ſe fait, dit Saint Auguſtin, ſentir dans ſa perte. C'eſt là qu'on entend ce cri d'un Roy malheureux, d'un Agag outré contre la mort qui luy vient ravir tout-à-coup avec la vie ſa grandeur & ſes plaiſirs : *Siccine ſeparat amara mors? Eſt-ce ainſi que la mort amere vient rompre tout-à-coup de fi doux liens?* Le cœur faigne : dans la douleur de la playe on fent combien ces richeffes y tenoient ; & le peché que l'on commettoit par un attachement fi exceffif, fe découvre tout entier : *Quantùm amando deliquerint, perdendo fenferunt.* Par une raifon contraire, un homme dont la fortune protégée du Ciel ne connoift pas les difgraces ; qui élevé fans envie aux plus grands honneurs, heureux dans fa perfonne & dans fa famille, pendant qu'il voit difparoiftre une vie fi fortunée benit la mort & afpire aux biens éternels : ne fait-il pas voir qu'il n'avoit pas mis *fon cœur dans le trefor que les voleurs peuvent enlever*, & que comme un autre Abraham il ne connoift de repos que *dans la Cité permanente?* Un fils confacré à Dieu s'aquite courageufement de fon devoir comme de toutes les autres parties de fon miniftere, & il va porter la trifte parole à un pere fi tendre & fi cheri : il trouve ce qu'il efperoit, un chreftien préparé à tout, qui attendoit ce dernier office de fa piété. L'Extréme-Onction annoncée par la mefme bouche à ce philofophe chreftien excite autant fa piété, qu'avoit fait le faint Viatique : les faintes prieres des agonizans réveillent fa foy : fon ame s'épanche dans les céleftes cantiques ; & vous diriez qu'il foit devenu un autre David par l'application qu'il fe fait à luy-mefme de fes divins Pfeaumes. Jamais jufte n'attendit la grace de Dieu avec une plus ferme confiance : jamais pécheur ne demanda un pardon plus humble, ni ne s'en crut plus indigne. Qui me donnera le burin que Job defiroit, pour graver fur l'airain & fur le marbre cette parole fortie de fa bouche en ces derniers jours : que depuis quarante-deux ans qu'il fervoit le Roy, il avoit la confolation de ne luy avoir jamais donné de confeils que felon fa confcience, & dans un fi long miniftere de n'avoir jamais fouffert une injuftice qu'il puft empefcher ? La juſtice demeurer conſtante, & pour ainſi dire, toûjours vierge & incorruptible parmi des occaſions ſi délicates : quelle merveille de la grace ! Aprés ce témoignage de ſa conſcience, qu'avoit-il beſoin de nos éloges ? Vous étonnez-vous de ſa tranquillité ? Quelle maladie ou quelle mort peut troubler celuy qui porte au fond de ſon cœur un ſi grand calme ? Que voy-je durant ce temps ? des enfans percez de douleur : car ils veulent bien que je rende ce témoignage à leur piété, & c'eſt la ſeule loûange qu'ils peuvent écouter ſans peine. Que voy-je encore ? une femme forte, pleine d'aumônes & de bonnes œuvres, précédée malgré ſes deſirs par celuy que tant de fois elle avoit crû devancer. Tantoſt elle va offrir devant les autels cette plus chere & plus précieuſe partie d'elle-meſme : tantoſt elle rentre auprés du malade, non par foibleſſe, mais, dit-elle, *pour apprendre à mourir, & profiter de cét éxemple.* L'heureux vieillard joûït juſqu'à la fin des tendreſſes de ſa famille, où il ne voit rien de foible : mais pendant qu'il en gouſte la reconnoiſſance, comme un autre Abraham, il la ſacrifie, & en l'invitant à s'éloigner, *Je veux,* dit-il, *m'arracher juſqu'aux moindres veſtiges de l'humanité.* Reconnoiſſez-vous un chreſtien qui acheve ſon ſacrifice ; qui fait le dernier effort, afin de rompre tous les liens de la chair & du ſang, & ne tient plus à la terre ? Ainſi parmi les ſouffrances & dans les approches de la mort, s'epure comme dans un feu l'ame chreſtienne. Ainſi elle ſe dépouïlle de ce qu'il y a de terreſtre & de trop ſenſible, meſme dans les affections les plus innocentes. Telles ſont les graces qu'on trouve à la mort. Mais qu'on ne s'y trompe pas, c'eſt quand on l'a ſouvent méditée ; quand on s'y eſt long-temps préparé par de bonnes œuvres : autrement la mort porte en elle-meſme ou l'inſenſibilité, ou un ſecret déſeſpoir, ou dans ſes justes frayeurs l'image d'une pénitence trompeuse, & enfin un trouble fatal à la piété. Mais voicy dans la perfection de la charité, la confommation de l'œuvre de Dieu. Un peu aprés, parmi fes langueurs & percé de douleurs aiguës, le courageux vieillard fe leve, & les bras en haut, aprés avoir demandé la perféverance, *Je ne defire point*, dit-il, *la fin de mes peines, mais je defire de voir Dieu*. Que voy-je icy, Chrestiens ? La foy véritable, qui d'un cofté ne fe laffe pas de fouffrir : vray caractere d'un chreftien : & de l'autre, ne cherche plus qu'à fe développer de fes ténebres, & en diffipant le nuage fe changer en pure lumiere & en claire vifion. O moment heureux où nous fortirons des ombres & des énigmes pour voir la vérité manifefte ! Courons-y, mes Freres, avec ardeur : haftons-nous de *purifier noftre cœur, afin de voir Dieu*, felon la promeffe de l'Evangile. Là eft le terme du voyage : là fe finiffent les gémiffemens : là s'acheve le travail de la Foy, quand elle va, pour ainfi dire, enfanter la veûe. Heureux moment encore une fois! qui ne te defire pas, n'eft pas chreftien. Aprés que ce pieux defir eft formé par le Saint-Efprit dans le cœur de ce vieillard plein de foy, que refte-t-il, Chrestiens, finon qu'il aille joüir de l'objet qu'il aime ? Enfin, preft à rendre l'ame, *Je rends graces à Dieu*, dit-il, *de voir défaillir mon corps devant mon efprit*. Touché d'un fi grand bienfait, & ravi de pouvoir pouffer fes reconnoiffances jufques au dernier foupir, il commença l'hymne des divines miféricordes : *Mifericordias Domini in æternum cantabo* : *Je chanteray*, dit-il, *éternellement les miféricordes du Seigneur*. Il expire en difant ces mots, & il continuë avec les Anges le facré cantique. Reconnoiffez maintenant que fa perpetuelle modération venoit d'un cœur détaché de l'amour du monde ; & réjoüiffez-vous en Noftre

Seigneur, de ce que riche il a mérité les graces & la récompenfe de la pauvreté. Quand je confidere attentivement dans l'Evangile la parabole ou pluftoft l'hiftoire du mauvais riche, & que je voy de quelle forte JESUS-CHRIST y parle des fortunez de la terre, il me femble d'abord qu'il ne leur laiffe aucune efpérance au fiecle futur. Lazare pauvre & couvert d'ulceres *eft porté par les Anges au fein d'Abraham;* pendant que le riche toûjours heureux dans cette vie, *eft enfeveli dans les Enfers.* Voilà un traitement bien différent que Dieu fait à l'un & à l'autre. Mais comment eft-ce que le Fils de Dieu nous en explique la caufe ? *Le riche,* dit-il, *a receû fes biens, & le pauvre fes maux dans cette vie :* & de là quelle confequence ? Ecoutez riches, & tremblez : *Et maintenant,* pourfuit-il, *l'un reçoit fa confolation, & l'autre fon jufte fupplice.* Terrible diftinction ! funefte partage pour les grands du monde ! Et toutefois ouvrez les yeux : c'eft le riche Abraham qui reçoit le pauvre Lazare dans fon fein; & il vous montre, ô riches du fiecle, à quelle gloire vous pouvez afpirer, fi *pauvres en efprit,* & détachez de vos biens, vous vous tenez auffi prefts à les quitter, qu'un voyageur empreffé à déloger de la tente où il paffe une courte nuit. Cette grace, je le confeffe, eft rare dans le Nouveau Teftament, où les afflictions & la pauvreté des enfans de Dieu, doivent fans ceffe repréfenter à toute l'Eglife un JESUS-CHRIST fur la Croix. Et cependant, CHRESTIENS, Dieu nous donne quelquefois de pareils exemples, afin que nous entendions qu'on peut méprifer les charmes de la grandeur, mefme préfente ; & que les pauures apprennent à ne defirer pas avec tant d'ardeur ce qu'on peut quitter avec joye. Ce Miniftre fi fortuné & fi détaché toute nfemble, leur doit infpirer ce fentiment. La mort a découvert le fecret de fes affaires ; & le public, rigide cenfeur des hommes de cette fortune & de ce rang, n'y a rien veû que de modéré. On a veû fes biens accrus naturellement par un fi long miniftere & par une prévoyante œconomie ; & on ne fait qu'ajoufter à la loûange de grand Magiftrat & de fage Miniftre, celle de fage & vigilant Pere de famille, qui n'a pas efté jugée indigne des faints Patriarches. Il a donc, à leur exemple, quitté fans peine ce qu'il avoit aquis fans empreffement : fes vrais biens ne luy font pas oftez, & la juftice demeure aux fiecles des fiecles. C'eft d'elle que font découlées tant de graces & tant de vertus que fa derniere maladie a fait éclater. Ses aumônes fi bien cachées dans le fein du pauvre ont prié pour luy : fa main droite les cachoit à fa main gauche ; & à la réferve de quelque ami qui en a efté le miniftre ou le témoin néceffaire, fes plus intimes confidens les ont ignorées : mais le *Pere qui les a veûës dans le fecret luy en a rendu la récompenfe.* Peuples, ne le pleurez plus ; & vous qui ébloûïs de l'éclat du monde, admirez le tranquille cours d'une fi longue & fi belle vie, portez plus haut vos penfées. Quoy donc, quatre-vingts-trois ans paffez au milieu des profperitez, quand il n'en faudroit retrancher ni l'enfance où l'homme ne fe connoift pas, ni les maladies où l'on ne vit point, ni tout le temps dont on a toûjours tant de fujet de fe repentir, paroiftront-ils quelque chofe à la veûë de l'Eternité où nous nous avançons à fi grands pas ? Aprés cent trente ans de vie, Jacob amené au Roy d'Egypte luy raconte la courte durée de fon laborieux pelerinage, qui n'égale pas les jours de fon pere Ifaac ni de fon ayeul Abraham. Mais les ans d'Abraham & d'Ifaac qui ont fait paroiftre fi courts ceux de Jacob, s'évanoûïffent auprés de la vie de Sem, que celle d'Adam & de Noé efface. Que fi le temps comparé au temps, la mefure à la mefure & le terme au terme, se réduit à rien : que sera-ce si l'on compare le temps à l'éternité, où il n'y a ni mesure ni terme ? Comptons donc comme tres-court, Chrestiens, ou pluſtoſt comptons comme un pur neant tout ce qui finit ; puis qu'enfin quand on auroit multiplié les années au-delà de tous les nombres connus, viſiblement ce ne fera rien, quand nous ferons arrivez au terme fatal. Mais peut-eſtre que preſt à mourir, on comptera pour quelque choſe cette vie de réputation, ou cette imagination de revivre dans ſa famille qu'on croira laiſſer ſolidement établie. Qui ne voit, mes Freres, combien vaines, mais combien courtes & combien fragiles ſont encore ces ſecondes vies que noſtre foibleſſe nous fait inventer pour couvrir en quelque ſorte l'horreur de la mort. Dormez voſtre ſommeil, riches de la terre, & demeurez dans voſtre pouſſiere. Ha ſi quelques générations ; que dis-je, ſi quelques années aprés voſtre mort, vous reveniez, hommes oubliez, au milieu du monde, vous vous haſteriez de rentrer dans vos tombeaux, pour ne voir pas voſtre nom terni, voſtre mémoire abolie, & voſtre prévoyance trompée dans vos amis, dans vos créatures, & plus encore dans vos héritiers & dans vos enfans. Eſt-ce là le fruit du travail, dont vous vous eſtes conſumez ſous le ſoleil, vous amaſſant un treſor de haine & de colere éternelle au juſte jugement de Dieu ? Sur tout, mortels, deſabuſez-vous de la penſée dont vous vous flatez, qu'aprés une longue vie, la mort vous ſera plus douce & plus facile. Ce ne ſont pas les années ; c'eſt une longue préparation qui vous donnera de l'aſſeûrance. Autrement un philoſophe vous dira en vain que vous devez eſtre raſſaſié d'années & de jours, & que vous avez aſſez veû les ſaiſons ſe renouveller, & le monde rouler autour de vous ; ou pluſtoſt, que vous vous eſtes aſſez veû rouler vous-mefme & paffer avec le monde. La derniere heure n'en fera pas moins infupportable, & l'habitude de vivre ne fera qu'en accroiftre le defir. C'eft de faintes méditations, c'eft de bonnes œuvres, c'eft ces véritables richeffes, que vous envoyerez devant vous au fiecle futur, qui vous infpireront de la force; & c'eft par ce moyen que vous affermirez voftre courage. Le vertueux Michel le Tellier vous en a donné l'éxemple : la Sageffe, la Fidelité, la Juftice, la Modeftie, la Prévoyance, la Piété; toute la troupe facrée des vertus, qui veilloient, pour ainfi dire, autour de luy, en ont banni les frayeurs, & ont fait du jour de fa mort, le plus beau, le plus triomphant, le plus heureux jour de fa vie.

EXTRAIT DV PRIVILEGE.

Par Lettres Patentes du Roy données à Chaville le 12. Aouſt 1682. ſignées Jonquieres, & ſcellées du grand Sceau de cire jaune, il eſt permis à Meſſire Jacques Benigne Bossuet Eveſque de Meaux, Conſeiller du Roy en ſes Conſeils, cy-devant Précepteur de Monſeigneur le Dauphin, premier Aumoſnier de Madame la Dauphine, de faire imprimer par tel Imprimeur qu'il voudra choiſir, en telle forme & de tel caractere qu'il trouvera bon, *tous les Livres qu'il aura compoſez, ou qu'il jugera à propos de faire imprimer pour l'utilité publique*, & ce pendant vingt années, à compter du jour que chacun deſdits ouvrages ſera achevé d'imprimer. Fait Sa Majeſté tres-expreſſes défenſes à tous Imprimeurs ou Libraires autres que celuy qui aura eſté choiſi par ledit Seigneur Eveſque, & à toutes perſonnes, de quelque qualité ou condition qu'elles ſoient, d'imprimer ou faire imprimer leſdits Livres, ſous quelque prétexte que ce ſoit, meſme de traduction, à peine de ſix mille livres d'amende, payable ſans déport par chacun des contrevenans, de confiſcation des exemplaires contrefaits, & de tous dépens, dommages & intereſts, comme il eſt porté plus amplement par leſdites Lettres.

Regiſtré ſur le Livre de la Communauté des Imprimeurs & Libraires de Paris, le dix-ſeptiéme Aouſt mil ſix cens quatre-vingts-deux. Signé, C. Angot, Sindic.

L'Oraiſon Funebre de Meſſire Michel Le Tellier, Chancelier de France, a eſté achevée d'imprimer le 8. jour de Mars 1686.

ORAISON FUNEBRE

DE TRES-HAUT
ET TRES-PUISSANT PRINCE

LOUIS DE BOURBON

PRINCE DE CONDÉ

PREMIER PRINCE DU SANG

Prononcee dans l'Eglife de Noftre-Dame de Paris
le 10. jour de Mars 1687.

Par Messire Jacques Benigne BOSSUET

Evefque de Meaux,
Confeiller du Roy en fes Confeils,
Cy-devant Précepteur de Monfeigneur le Dauphin, Premier Aumofnier
de Madame la Dauphine.

A PARIS

Chez Sebastien MABRE-CRAMOISY

PREMIER IMPRIMEUR DU ROY ET DIRECTEUR DE SON IMPRIMERIE ROYALE

Rue S. Jacques, aux Cicognes.

M. DC. LXXXVII.

Avec Privilege de Sa Majefté

ORAISON FUNEBRE
DE
LOUIS DE BOURBON
PRINCE DE CONDÉ.

Dominus tecum, virorum fortiffime..... Vade in hac fortitudine tua..... Ego ero tecum.

Le Seigneur eft avec vous, ô le plus courageux de tous les hommes. Allez avec ce courage dont vous eftes rempli. Je feray avec vous. AUX JUGES. IV. 12. 14. 16.

A M. LE PRINCE.

MONSEIGNEUR,

U MOMENT que j'ouvre la bouche pour célébrer la gloire immortelle de LOUIS DE BOURBON, PRINCE DE CONDÉ, je me fens également confondu, & par la grandeur du fujet, & s'il m'eft permis de l'avouer, par l'inutilité du travail. Quelle partie du monde habitable n'a pas ouï les victoires du Prince de Condé, & les merveilles de fa vie? On les raconte par tout : le François qui les vante, n'apprend rien à l'étranger ; & quoy que je puisse aujourd'hui vous en rapporter, toûjours prévenu par vos pensées j'auray encore à répondre au secret reproche que vous me ferez, d'estre demeuré beaucoup au dessous. Nous ne pouvons rien, foibles orateurs, pour la gloire des ames extraordinaires. Le Sage a raison de dire, que *leurs seules actions les peuvent loüer :* toute autre louange languit auprés des grands noms ; & la seule simplicité d'un récit fidelle pourroit soutenir la gloire du Prince de Condé. Mais en attendant que l'histoire, qui doit ce récit aux siecles futurs, le fasse paroistre ; il faut satisfaire, comme nous pourrons, à la reconnoissance publique, & aux ordres du plus grand de tous les Rois. Que ne doit point le royaume à un Prince qui a honoré la Maison de France, tout le nom François, son siecle, & pour ainsi dire, l'humanité toute entiere ? Louis le Grand est entré luy-mesme dans ces sentimens. Aprés avoir pleuré ce grand Homme, & luy avoir donné par ses larmes, au milieu de toute sa Cour, le plus glorieux éloge qu'il pust recevoir : il assemble dans un Temple si célebre, ce que son royaume a de plus auguste pour y rendre des devoirs publics à la mémoire de ce Prince ; & il veut que ma foible voix anime toutes ces tristes représentations & tout cét appareil funebre. Faisons donc cét effort sur nostre douleur. Ici un plus grand objet, & plus digne de cette chaire, se présente à ma pensée. C'est Dieu qui fait les Guerriers & les Conquerans. *C'est vous,* luy disoit David, *qui avez instruit mes mains à combatre, & mes doigts à tenir l'épée.* S'il inspire le courage, il ne donne pas moins les autres grandes qualitez naturelles & surnaturelles, & du cœur & de l'esprit. Tout part de sa puissante main : c'est luy qui envoye du ciel les généreux sentimens, les sages con-

feils, & toutes les bonnes penſées. Mais il veut que nous
ſçachions diſtinguer entre les dons qu'il abandonne à
ſes ennemis, & ceux qu'il réſerve à ſes ſerviteurs. Ce
qui diſtingue ſes amis d'avec tous les autres, c'eſt la
piété : juſqu'à ce qu'on ait receu ce don du ciel, tous
les autres non ſeulement ne font rien, mais encore
tournent en ruine à ceux qui en ſont ornez. Sans ce
don ineſtimable de la piété, que ſeroit-ce que le Prince
de Condé avec tout ce grand cœur & ce grand génie ?
Non, MES FRERES, ſi la piété n'avoit comme conſacré
ſes autres vertus, ni ces Princes ne trouveroient aucun
adouciſſement à leur douleur, ni ce religieux Pontife
aucune confiance dans ſes prieres, ni moy-meſme aucun
ſoutien aux loüanges que je dois à un ſi grand Homme.
Pouſſons donc à bout la gloire humaine par cét éxemple : détruiſons l'idole des ambitieux : qu'elle tombe
anéantie devant ces autels. Mettons en un aujourd'hui,
car nous le pouvons dans un ſi noble ſujet, toutes les
plus belles qualitez d'une excellente nature ; & à la gloire
de la vérité, montrons dans un Prince admiré de tout
l'univers, que ce qui fait les Heros, ce qui porte la gloire
du monde juſqu'au comble ; valeur, magnanimité,
bonté naturelle ; voilà pour le cœur : vivacité, pénétration, grandeur & ſublimité de génie ; voilà pour
l'eſprit : ne feroient qu'une illuſion, ſi la piété ne
s'y eſtoit jointe : & enfin, que la piété eſt le tout de
l'homme. C'eſt, MESSIEURS, ce que vous verrez dans la
vie éternellement mémorable de TRES-HAUT, ET TRES-
PUISSANT PRINCE LOUIS DE BOURBON, PRINCE DE CONDÉ,
PREMIER PRINCE DU SANG.

DIEU nous a révélé que luy ſeul il fait les Conquerans, & que ſeul il les fait ſervir à ſes deſſeins. Quel
autre a fait un Cyrus, ſi ce n'eſt Dieu, qui l'avoit nommé
deux cens ans avant ſa naiſſance dans les oracles d'Iſaïe ?

Tu n'es pas encore, luy difoit-il, *mais je te voy, & je t'ay nommé par ton nom : tu t'appeleras Cyrus : je marcheray devant toy dans les combats : à ton approche je mettray les Rois en fuite : je briferay les portes d'airain : c'eſt moy qui étends les Cieux, qui foutiens la terre, qui nomme ce qui n'eſt pas comme ce qui eſt :* c'eſt à dire, c'eſt moy qui fais tout, & moy qui voy dés l'éternité tout ce que je fais. Quel autre a pu former un Alexandre, fi ce n'eſt ce mefme Dieu, qui en a fait voir de fi loin & par des figures fi vives l'ardeur indomptable à fon Prophete Daniel? *Le voyez-vous,* dit-il, *ce Conquerant; avec quelle rapidité il s'éleve de l'occident comme par bonds, & ne touche pas à terre?* Semblable dans fes fauts hardis & dans fa légere démarche à ces animaux vigoureux & bondiſſans, il ne s'avance que par vives & impétueufes faillies, & n'eſt arreſté ni par montagnes ni par précipices. Déja le Roy de Perfe eſt entre fes mains : *à fa veuë il s'eſt animé: efferatus eſt in cum,* dit le Prophete ; *il l'abbat, il le foule aux pieds : nul ne le peut défendre des coups qu'il luy porte, ni luy arracher fa proye.* A n'entendre que ces paroles de Daniel, qui croiriez-vous voir, Messieurs, fous cette figure, Alexandre ou le Prince de Condé ? Dieu donc luy avoit donné cette indomptable valeur pour le falut de la France durant la minorité d'un Roy de quatre ans. Laiſſez-le croiſtre ce Roy chéri du Ciel : tout cédera à fes exploits : fupérieur aux fiens comme aux ennemis, il fçaura tantoſt fe fervir, tantoſt fe paſſer de fes plus fameux capitaines; & feul fous la main de Dieu qui fera continuellement à fon fecours, on le verra l'aſſeûré rempart de fes Etats. Mais Dieu avoit choifi le Duc d'Anguien pour le défendre dans fon enfance. Auſſi vers les premiers jours de fon regne, à l'âge de vingt-deux ans, le Duc conceût un deſſein où les vieillards expérimentez ne purent atteindre : mais la victoire le juſtifia devant Rocroy. L'armée ennemie eſt plus forte, il eſt vrai : elle eſt compoſée de ces vieilles bandes Valonnes, Italiennes & Eſpagnoles, qu'on n'avoit pu rompre juſqu'alors. Mais pour combien falloit-il compter le courage qu'inſpiroit à nos troupes le beſoin preſſant de l'Etat, les avantages paſſez, & un jeune Prince du Sang qui portoit la victoire dans ſes yeux? Dom Franciſco de Mellos l'attend de pied-ferme ; & ſans pouvoir reculer, les deux Généraux & les deux armées ſemblent avoir voulu ſe renfermer dans des bois & dans des marais, pour décider leur querelle, comme deux braves, en champ clos. Alors, que ne vit-on pas ? Le jeune Prince parut un autre homme. Touché d'un ſi digne objet, ſa grande ame ſe déclara toute entiere : ſon courage croiſſoit avec les périls, & ſes lumieres avec ſon ardeur. A la nuit qu'il fallut paſſer en préſence des ennemis, comme un vigilant capitaine il repoſa le dernier : mais jamais il ne repoſa plus paiſiblement. A la veille d'un ſi grand jour, & dés la prémiere bataille, il eſt tranquille ; tant il ſe trouve dans ſon naturel : & on ſçait que le lendemain à l'heure marquée il fallut réveiller d'un profond ſommeil cét autre Alexandre. Le voyez-vous comme il vole, ou à la victoire, ou à la mort? Auſſitoſt qu'il eut porté de rang en rang l'ardeur dont il eſtoit animé, on le vit preſque en meſme temps pouſſer l'aiſle droite des ennemis, ſoutenir la noſtre ébranlée, rallier le François à demi vaincu, mettre en fuite l'Eſpagnol victorieux, porter par tout la terreur, & étonner de ſes regards étincellans ceux qui échapoient à ſes coups. Reſtoit cette redoutable infanterie de l'armée d'Eſpagne, dont les gros bataillons ferrez, ſemblables à autant de tours, mais à des tours qui ſçauroient réparer leurs brêches, demeuroient inébranlables au milieu de tout le reſte en déroute, & lançoient des feux de toutes parts. Trois fois le jeune vainqueur s'efforça de rompre ces intrépides combatans : trois fois il fut repouſſé par le valeureux Comte de Fontaines, qu'on voyoit porté dans ſa chaiſe, & malgré ſes infirmitez montrer qu'une ame guerriere eſt maiſtreſſe du corps qu'elle anime. Mais enfin, il faut céder. C'eſt en vain qu'à travers des bois avec ſa cavalerie toute fraiſche, Bek précipite ſa marche pour tomber ſur nos ſoldats épuiſez : le Prince l'a prévenu : les bataillons enfoncez demandent quartier : mais la victoire va devenir plus terrible pour le Duc d'Anguien que le combat. Pendant qu'avec un air aſſeuré il s'avance pour recevoir la parole de ces braves gens, ceux-cy toûjours en garde craignent la ſurpriſe de quelque nouvelle attaque : leur effroyable décharge met les noſtres en furie : on ne voit plus que carnage : le ſang ennivre le ſoldat : juſqu'à ce que le grand Prince, qui ne put voir égorger ces lions comme de timides brebis, calma les courages émus, & joignit au plaiſir de vaincre celuy de pardonner. Quel fut alors l'étonnement de ces vieilles troupes & de leurs braves officiers, lors qu'ils virent qu'il n'y avoit plus de ſalut pour eux qu'entre les bras du vainqueur ? De quels yeux regarderent-ils le jeune Prince, dont la victoire avoit relevé la haute contenance, à qui la clemence ajoutoit de nouvelles graces ? Qu'il euſt encore volontiers ſauvé la vie au brave Comte de Fontaines ! Mais il ſe trouva par terre, parmi ces milliers de morts dont l'Eſpagne ſent encore la perte. Elle ne ſçavoit pas que le Prince, qui luy fit perdre tant de ſes vieux régimens à la journée de Rocroy, en devoit achever les reſtes dans les plaines de Lens. Ainſi la premiere victoire fut le gage de beaucoup d'autres. Le Prince fléchit le genoüil, & dans le champ de bataille il rend au Dieu des armées la gloire qu'il luy envoyoit. Là on célébra Rocroy délivré, les menaces d'un redoutable ennemi tournées à sa honte, la régence affermie, la France en repos; & un regne qui devoit eſtre ſi beau, commencé par un ſi heureux préſage. L'armée commença l'action de graces: toute la France ſuivit : on y élevoit juſqu'au ciel le coup d'eſſai du Duc d'Anguien : c'en ſeroit aſſez pour illuſtrer une autre vie que la ſienne; mais pour luy, c'eſt le premier pas de ſa courſe.

Dés cette premiere campagne, aprés la priſe de Thionville, digne prix de la victoire de Rocroy, il paſſa pour un capitaine également redoutable dans les ſieges & dans les batailles. Mais voici dans un jeune Prince victorieux quelque choſe qui n'eſt pas moins beau que la victoire. La Cour qui luy préparoit à ſon arrivée les applaudiſſemens qu'il méritoit, fut ſurpriſe de la maniere dont il les receut. La Reine régente luy a témoigné que le Roy eſtoit content de ſes ſervices. C'eſt dans la bouche du Souverain la digne récompenſe de ſes travaux. Si les autres oſoient le louer, il repouſſoit leurs louanges comme des offenſes; & indocile à la flaterie, il en craignoit juſqu'à l'apparence. Telle eſtoit la délicateſſe, ou plûtoſt telle eſtoit la ſolidité de ce Prince. Auſſi avoit-il pour maxime : écoutez, c'eſt la maxime qui fait les grands hommes : que dans les grandes actions il faut uniquement ſonger à bien faire, & laiſſer venir la gloire aprés la vertu. C'eſt ce qu'il inſpiroit aux autres, c'eſt ce qu'il ſuivoit luy-meſme. Ainſi la fauſſe gloire ne le tentoit pas : tout tendoit au vrai & au grand. De-là vient qu'il mettoit ſa gloire dans le ſervice du Roy, & dans le bonheur de l'Eſtat : c'eſtoit là le fond de ſon cœur; c'eſtoient ſes premieres & ſes plus cheres inclinations. La Cour ne le retint gueres, quoy-

qu'il en fuſt la merveille. Il falloit montrer par tout, &
à l'Allemagne comme à la Flandre, le défenſeur intrépide que Dieu nous donnoit. Arreſtez ici vos regards.
Il ſe prépare contre le Prince quelque choſe de plus
formidable qu'à Rocroy ; & pour éprouver ſa vertu, la
guerre va épuiſer toutes ſes inventions & tous ſes
efforts. Quel objet ſe préſente à mes yeux ? Ce n'eſt pas
ſeulement des hommes à combatre ; c'eſt des montagnes inacceſſibles ; c'eſt des ravines & des précipices
d'un coſté ; c'eſt de l'autre un bois impénétrable, dont
le fond eſt un marais ; & derriere des ruiſſeaux, de prodigieux retranchemens : c'eſt par tout des forts élevez,
& des foreſts abbatuës qui traverſent des chemins
affreux : & au dedans, c'eſt Merci avec ſes braves Bavarois enflez de tant de ſuccés & de la priſe de Fribourg ;
Merci qu'on ne vit jamais reculer dans les combats ;
Merci que le Prince de Condé & le vigilant Turenne
n'ont jamais ſurpris dans un mouvement irrégulier, &
à qui ils ont rendu ce grand témoignage, que jamais il
n'avoit perdu un ſeul moment favorable, ni manqué de
prévenir leurs deſſeins, comme s'il euſt aſſiſté à leurs
conſeils. Ici donc durant huit jours, & à quatre attaques
différentes, on vit tout ce qu'on peut ſoutenir & entreprendre à la guerre. Nos troupes ſemblent rebutées
autant par la réſiſtance des ennemis que par l'effroyable
diſpoſition des lieux ; & le Prince ſe vit quelque temps
comme abandonné. Mais comme un autre Macabée,
*ſon bras ne l'abandonna pas, & ſon courage irrité par
tant de perils vint à ſon ſecours.* On ne l'eut pas plûtoſt
veû pied à terre forcer le premier ces inacceſſibles
hauteurs, que ſon ardeur entraîna tout aprés elle.
Merci voit ſa perte aſſeurée : ſes meilleurs régimens
ſont défaits : la nuit ſauve les reſtes de ſon armée :
mais que des pluyes exceſſives s'y joignent encore, afin

que nous ayons à la fois, avec tout le courage & tout l'art, toute la nature à combatre : quelque avantage que prenne un ennemi habile autant que hardi, & dans quelque affreuſe montagne qu'il ſe retranche de nouveau ; pouſſé de tous coſtez, il faut qu'il laiſſe en proye au Duc d'Anguien, non ſeulement ſon canon & ſon bagage, mais encore tous les environs du Rhein. Voyez comme tout s'ébranle. Philifbourg eſt aux abois en dix jours malgré l'hiver qui approche : Philifbourg, qui tint ſi long-temps le Rhein captif ſous nos loix, & dont le plus grand des Rois a ſi glorieuſement réparé la perte. Vormes, Spire, Mayence, Landau, vingt autres places de nom ouvrent leurs portes. Merci ne les peut défendre, & ne paroiſt plus devant ſon vainqueur : ce n'eſt pas aſſez : il faut qu'il tombe à ſes pieds, digne victime de ſa valeur : Nordlingue en verra la chute : il y ſera décidé qu'on ne tient non plus devant les François en Allemagne qu'en Flandre, & on devra tous ces avantages au meſme Prince. Dieu Protecteur de la France, & d'un Roy qu'il a deſtiné à ſes grands ouvrages, l'ordonne ainſi.

Par ces ordres tout paroiſſoit ſeur ſous la conduite du Duc d'Anguien : & ſans vouloir ici achever le jour à vous marquer ſeulement ſes autres exploits, vous ſçavez parmi tant de fortes places attaquées, qu'il n'y en eut qu'une ſeule qui puſt échaper à ſes mains ; encore releva-t-elle la gloire du Prince. L'Europe qui admiroit la divine ardeur dont il eſtoit animé dans les combats, s'étonna qu'il en fuſt le maiſtre, & dés l'âge de vingt-ſix ans auſſi capable de ménager ſes troupes, que de les pouſſer dans les hazards, & de céder à la fortune que de la faire ſervir à ſes deſſeins. Nous le viſmes par tout ailleurs comme un de ces hommes extraordinaires qui forcent tous les obſtacles. La promp-

titude de fon action ne donnoit pas le loifir de la traverfer. C'eft là le caractere des Conquerans. Lors que
David un fi grand guerrier déplora la mort de deux
fameux capitaines qu'on venoit de perdre, il leur donna
cét éloge : *Plus viftes que les aigles, plus courageux que
les lions.* C'eft l'image du Prince que nous regretons.
Il paroift en un moment comme un éclair dans les païs
les plus éloignez. On le voit en mefme temps à toutes
les attaques, à tous les quartiers. Lors qu'occupé d'un
cofté, il envoye reconnoiftre l'autre, le diligent officier
qui porte fes ordres, s'étonne d'eftre prévenu, & trouve
déja tout ranimé par la préfence du Prince : il femble
qu'il fe multiplie dans une action : ni le fer ni le feu
ne l'arreftent. Il n'a pas befoin d'armer cette tefte qu'il
expofe à tant de périls ; Dieu luy eft une armure plus
affeurée : les coups femblent perdre leur force en l'ap-
prochant, & laiffer feulement fur luy des marques de
fon courage & de la protection du ciel. Ne luy dites
pas que la vie d'un premier Prince du Sang fi néceffaire
à l'Etat doit eftre épargnée : il répond qu'un Prince du
Sang, plus intereffé par fa naiffance à la gloire du Roy
& de la Couronne, doit dans le befoin de l'Etat eftre
dévoûé plus que tous les autres pour en relever l'éclat.
Aprés avoir fait fentir aux ennemis durant tant d'années l'invincible puiffance du Roy ; s'il fallut agir au
dedans pour la foutenir, je dirai tout en un mot, il fit
refpecter la Regente : & puis qu'il faut une fois parler
de ces chofes dont je voudrois pouvoir me taire éternellement, jufqu'à cette fatale prifon il n'avoit pas
feulement fongé qu'on puft rien attenter contre l'Etat ;
& dans fon plus grand credit, s'il fouhaitoit d'obtenir
des graces, il fouhaitoit encore plus de les mériter. C'eft
ce qui luy faifoit dire : je puis bien ici répéter devant
ces autels les paroles que j'ay recueïllies de fa bouche,

puis qu'elles marquent fi bien le fond de fon cœur : il difoit donc, en parlant de cette prifon malheureufe, qu'il y eftoit entré le plus innocent de tous les hommes, & qu'il en eftoit forti le plus coupable. *Helas*, pourfuivoit-il, *je ne refpirois que le fervice du Roy, & la grandeur de l'Etat!* On reffentoit dans fes paroles un regret fincere d'avoir efté pouffé fi loin par fes malheurs. Mais fans vouloir excufer ce qu'il a fi hautement condamné luy-mefme, difons, pour n'en parler jamais : que comme dans la gloire éternelle les fautes des faints pénitens couvertes de ce qu'ils ont fait pour les réparer, & de l'éclat infini de la divine miféricorde, ne paroiffent plus : ainfi dans des fautes fi fincérement reconnuës, & dans la fuite fi glorieufement réparées par de fideles fervices, il ne faut plus regarder que l'humble reconnoiffance du Prince, qui s'en repentit, & la clemence du grand Roy qui les oublia.

Que s'il eft enfin entraîné dans ces guerres infortunées, il y aura du moins cette gloire, de n'avoir pas laiffé avilir la grandeur de fa Maifon chez les eftrangers. Malgré la majefté de l'Empire, malgré la fierté d'Auftriche, & les couronnes héréditaires attachées à cette maifon, mefme dans la branche qui domine en Allemagne; réfugié à Namur, foutenu de fon feul courage & de fa feule réputation, il porta fi loin les avantages d'un Prince de France, & de la premiere Maifon de l'univers, que tout ce qu'on put obtenir de luy, fut qu'il confentit de traiter d'égal avec l'Archiduc, quoy-que frere de l'Empereur, & fils de tant d'Empereurs : à condition qu'en lieu tiers ce Prince feroit les honneurs des Païs-bas. Le mefme traitement fut affeuré au Duc d'Anguien, & la maifon de France garda fon rang fur celle d'Auftriche, jufque dans Bruxelle. Mais voyez ce que fait faire un vrai courage. Pendant que le Prince fe foutenoit fi hautement avec l'Archiduc qui dominoit, il rendoit au Roy d'Angleterre, & au Duc d'Yorck, maintenant un Roy fi fameux, malheureux alors, tous les honneurs qui leur eftoient deûs; & il apprit enfin à l'Efpagne trop dédaigneufe, quelle eftoit cette majefté que la mauvaife fortune ne pouvoit ravir à de fi grands Princes. Le refte de fa conduite ne fut pas moins grand. Parmi les difficultez que fes intérefts apportoient au Traité des Pirénées, écoutez quels furent fes ordres ; & voyez fi jamais un particulier traita fi noblement fes intérefts. Il mande à fes agens dans la conférence, qu'il n'eft pas jufte que la paix de la Chrétienté foit retardée davantage à fa confidération : qu'on ait foin de fes amis; & pour luy, qu'on luy laiffe fuivre fa fortune. Ha, quelle grande victime fe facrifie au bien public! Mais quand les chofes changerent, & que l'Efpagne luy voulut donner ou Cambray & fes environs, ou le Luxembourg, en pleine fouveraineté ; il déclara qu'il préféroit à ces avantages, & à tout ce qu'on pouvoit jamais luy accorder de plus grand : quoy ? fon devoir & les bonnes graces du Roy. C'eft ce qu'il avoit toûjours dans le cœur ; c'eft ce qu'il répétoit fans ceffe au Duc d'Anguien. Le voilà dans fon naturel : la France le vit alors accompli par ces derniers traits, & avec ce je ne fçai quoy d'achevé que les malheurs ajouftent aux grandes vertus : elle le revit dévoué plus que jamais à l'Etat & à fon Roy. Mais dans fes premieres guerres il n'avoit qu'une feule vie à luy offrir : maintenant il en a une autre qui luy eft plus chere que la fienne. Aprés avoir à fon éxemple glorieufement achevé le cours de fes études, le Duc d'Anguien eft preft à le fuivre dans les combats. Non content de luy enfeigner la guerre comme il a fait jufqu'à la fin par fes difcours, le Prince le mene aux leçons vivantes

& à la pratique. Laissons le passage du Rhein, le prodige de noftre siecle & de la vie de Louis le Grand. A la journée de Senef, le jeune Duc, quoy-qu'il commandast, comme il avoit déjà fait en d'autres campagnes, vient dans les plus rudes épreuves apprendre la guerre aux coftez du Prince son pere. Au milieu de tant de périls il voit ce grand Prince renversé dans un fossé, sous un cheval tout en sang. Pendant qu'il luy offre le sien & s'occupe à relever le Prince abbatu, il est blessé entre les bras d'un pere si tendre, sans interrompre ses soins, ravi de satisfaire à la fois à la piété & à la gloire. Que pouvoit penser le Prince, si ce n'est que pour accomplir les plus grandes choses, rien ne manqueroit à ce digne fils que les occasions ? Et ses tendresses se redoubloient avec son estime.

Ce n'estoit pas seulement pour un fils, ni pour sa famille qu'il avoit des sentimens si tendres. Je l'ay veû, & ne croyez pas que j'use ici d'éxagération : je l'ay veû vivement émeû des périls de ses amis : je l'ay veû, simple & naturel, changer de visage au récit de leurs infortunes, entrer avec eux dans les moindres choses comme dans les plus importantes ; dans les accommodemens calmer les esprits aigris avec une patience & une douceur qu'on n'auroit jamais attenduë d'une humeur si vive ni d'une si haute élevation. Loin de nous les héros sans humanité. Ils pourront bien forcer les respects, & ravir l'admiration comme font tous les objets extraordinaires ; mais ils n'auront pas les cœurs. Lors que Dieu forma le cœur & les entrailles de l'homme, il y mit premierement la bonté comme son propre caractere, & pour estre comme la marque de cette main bienfaisante dont nous sortons. La bonté devoit donc faire comme le fonds de nostre cœur, & devoit estre en mesme temps le premier attrait que nous aurions en nous-mefmes pour gagner les autres hommes. La grandeur qui vient par deffus, loin d'affoiblir la bonté, n'eft faite que pour l'aider à fe communiquer davantage, comme une fontaine publique qu'on éleve pour la répandre. Les cœurs font à ce prix : & les Grands dont la bonté n'eft pas le partage; par une jufte punition de leur dédaigneufe infenfibilité, demeureront privez éternellement du plus grand bien de la vie humaine, c'eft à dire des douceurs de la focieté. Jamais homme ne les gouta mieux que le Prince dont nous parlons : jamais homme ne craignit moins que la familiarité bleffaft le refpect. Eft-ce-là celuy qui forçoit les villes, & qui gagnoit les batailles? Quoy, il femble avoir oublié ce haut rang qu'on luy a veû fi bien défendre! Reconnoiffez le héros, qui toûjours égal à luy-mefme, fans fe hauffer pour paroiftre grand, fans s'abbaiffer pour eftre civil & obligeant, fe trouve naturellement tout ce qu'il doit eftre envers tous les hommes : comme un fleuve majeftueux & bienfaifant qui porte paifiblement dans les villes l'abondance qu'il a répanduë dans les campagnes en les arrofant; qui fe donne à tout le monde, & ne s'éleve & ne s'enfle que lors qu'avec violence on s'oppofe à la douce pente qui le porte à continuer fon tranquille cours. Telle a efté la douceur, & telle a efté la force du prince de Condé. Avez-vous un fecret important? verfez-le hardiment dans ce noble cœur : voftre affaire devient la fienne par la confiance. Il n'y a rien de plus inviolable pour ce Prince que les droits facrez de l'amitié. Lors qu'on luy demande une grace, c'eft luy qui paroift l'obligé; & jamais on ne vit de joye ni fi vive ni fi naturelle que celle qu'il reffentoit à faire plaifir. Le premier argent qu'il receût d'Efpagne avec la permiffion du Roy, malgré les néceffitez de fa maifon épuifée, fut donné à fes amis, encore qu'aprés la paix il n'euſt rien à eſpérer de leur ſecours: & quatre cens mille écus diſtribuez par ſes ordres firent voir, choſe rare dans la vie humaine, la reconnoiſſance auſſi vive dans le Prince de Condé, que l'eſpérance d'engager les hommes l'eſt dans les autres. Avec luy la vertu eût toûjours ſon prix. Il la louoit juſques dans ſes ennemis. Toutes les fois qu'il avoit à parler de ſes actions, & meſme dans les relations qu'il en envoyoit à la Cour, il vantoit les conſeils de l'un, la hardieſſe de l'autre, chacun avoit ſon rang dans ſes diſcours; & parmi ce qu'il donnoit à tout le monde, on ne ſçavoit où placer ce qu'il avoit fait luy-meſme. Sans envie, ſans fard, ſans oſtentation, toûjours grand dans l'action & dans le repos, il parut à Chantilly comme à la teſte des troupes. Qu'il embelliſt cette magnifique & délicieuſe maiſon, ou bien qu'il muniſt un camp au milieu du païs ennemi, & qu'il fortifiaſt une place; qu'il marchaſt avec une armée parmi les périls, ou qu'il conduiſiſt ſes amis dans ces ſuperbes allées au bruit de tant de jets d'eau qui ne ſe taiſoient ni jour ni nuit: c'eſtoit toûjours le meſme homme, & ſa gloire le ſuivoit par tout. Qu'il eſt beau aprés les combats & le tumulte des armes, de ſçavoir encore gouſter ces vertus paiſibles & cette gloire tranquille qu'on n'a point à partager avec le ſoldat non plus qu'avec la fortune: où tout charme, & rien n'éblouït: qu'on regarde ſans eſtre étourdi ni par le ſon des trompettes, ni par le bruit des canons, ni par les cris des bleſſez: où l'homme paroiſt tout ſeul auſſi grand, auſſi reſpecté que lors qu'il donne des ordres, & que tout marche à ſa parole!

Venons maintenant aux qualitez de l'eſprit; & puiſque pour noſtre malheur, ce qu'il y a de plus fatal à la vie humaine, c'eſt-à-dire l'art militaire, eſt en meſme temps ce qu'elle a de plus ingénieux & de plus habile, conſiderons d'abord par cét endroit le grand génie de noſtre Prince. Et premierement, quel Général porta jamais plus loin ſa prévoyance? C'eſtoit une de ſes maximes, qu'il falloit craindre les ennemis de loin, pour ne les plus craindre de prés, & ſe réjoüïr à leur approche. Le voyez-vous comme il conſidere tous les avantages qu'il peut ou donner ou prendre? avec quelle vivacité il ſe met dans l'eſprit en un moment, les temps, les lieux, les perſonnes, & non ſeulement leurs intéreſts & leurs talens, mais encore leurs humeurs & leurs caprices? Le voyez-vous comme il compte la cavalerie & l'infanterie des ennemis, par le naturel des païs ou des Princes confédérez? Rien n'échappe à ſa prévoyance. Avec cette prodigieuſe compréhenſion de tout le détail & du plan univerſel de la guerre, on le voit toûjours attentif à ce qui ſurvient: il tire d'un deſerteur, d'un transfuge, d'un priſonnier, d'un paſſant, ce qu'il veut dire, ce qu'il veut taire, ce qu'il ſçait, & pour ainſi dire ce qu'il ne ſçait pas; tant il eſt ſeur dans ſes conſéquences. Ses partis luy rapportent juſqu'aux moindres choſes: on l'éveille à chaque moment; car il tenoit encore pour maxime, qu'un habile capitaine peut bien eſtre vaincu, mais qu'il ne luy eſt pas permis d'eſtre ſurpris. Auſſi luy devons-nous cette louange, qu'il ne l'a jamais eſté. A quelque heure & de quelque coſté que viennent les ennemis, ils le trouvent toûjours ſur ſes gardes; toûjours preſt à fondre ſur eux, & à prendre ſes avantages: comme une aigle qu'on voit toûjours, ſoit qu'elle vole au milieu des airs, ſoit qu'elle ſe poſe ſur le haut de quelque rocher, porter de tous coſtez des regards perçans, & tomber ſi ſeurement ſur ſa proye, qu'on ne peut éviter ſes ongles non plus que ſes yeux. Auſſi vifs eſtoient les regards, auſſi viſte & impétueuſe eſtoit l'attaque, auſſi fortes & inévitables eſtoient les mains du

Prince de Condé. En son camp on ne connoist point les vaines terreurs, qui fatiguent & rebutent plus que les véritables. Toutes les forces demeurent entieres pour les vrais périls : tout est prest au premier signal ; & comme dit le Prophete, *Toutes les fleches sont aiguisées, & tous les arcs sont tendus.* En attendant on repose d'un sommeil tranquille, comme on feroit sous son toit & dans son enclos. Que dis-je qu'on repose ? A Piéton, prés de ce corps redoutable que trois puissances réunies avoient assemblé, c'estoit dans nos troupes de continuels divertissemens : toute l'armée estoit en joye, & jamais elle ne sentit qu'elle fust plus foible que celle des ennemis. Le Prince par son campement avoit mis en seûreté non seulement toute nostre frontiere & toutes nos places, mais encore tous nos soldats : il veille, c'est assez. Enfin l'ennemi décampe ; c'est ce que le Prince attendoit. Il part à ce premier mouvement : déjà l'armée Hollandoise avec ses superbes étendarts, ne luy échapera pas : tout nage dans le sang, tout est en proye : mais Dieu sçait donner des bornes aux plus beaux desseins. Cependant les ennemis sont poussez par tout. Oudenarde est délivrée de leurs mains : pour les tirer eux-mesmes de celles du Prince, le Ciel les couvre d'un brouillard épais : la terreur & la desertion se met dans leurs troupes ; on ne sçait plus ce qu'est devenuë cette formidable armée. Ce fut alors que Louis, qui aprés avoir achevé le rude siege de Besançon, & avoir encore une fois réduit la Franche-Comté avec une rapidité inouïe, estoit revenu tout brillant de gloire pour profiter de l'action de ses armées de Flandre & d'Allemagne, commanda ce détachement qui fit en Alsace les merveilles que vous sçavez ; & parut le plus grand de tous les hommes, tant par les prodiges qu'il avoit faits en personne, que par ceux qu'il fit faire à ses Généraux.

Quoy-qu'une heureuſe naiſſance euſt apporté de ſi grands dons à noſtre Prince, il ne ceſſoit de l'enrichir par ſes réfléxions. Les campemens de Céſar firent ſon étude. Je me ſouviens qu'il nous raviſſoit, en nous racontant comme en Catalogne, dans les lieux où ce fameux capitaine par l'avantage des poſtes contraignit cinq legions Romaines, & deux chefs expérimentez à poſer les armes ſans combat; luy-meſme il avoit eſté reconnoiſtre les rivieres & les montagnes qui ſervirent à ce grand deſſein : & jamais un ſi digne maiſtre n'avoit expliqué par de ſi doctes leçons les Commentaires de Céſar. Les capitaines des ſiecles futurs luy rendront un honneur ſemblable. On viendra étudier ſur les lieux ce que l'hiſtoire racontera du campement de Piéton, & des merveilles dont il fut ſuivi. On remarquera dans celuy de Chatenoy l'éminence qu'occupa ce grand Capitaine, & le ruiſſeau dont il ſe couvrit ſous le canon du retranchement de Seleſtad. Là on luy verra mépriſer l'Allemagne conjurée ; ſuivre à ſon tour les ennemis, quoy-que plus forts; rendre leurs projets inutiles; & leur faire lever le ſiege de Saverne, comme il avoit fait un peu auparavant celuy de Haguenau. C'eſt par de ſemblables coups, dont ſa vie eſt pleine, qu'il a porté ſi haut ſa réputation, que ce ſera dans nos jours s'eſtre fait un nom parmi les hommes, & s'eſtre aquis un mérite dans les troupes, d'avoir ſervi ſous le Prince de Condé; & comme un titre pour commander, de l'avoir veû faire.

Mais ſi jamais il parut un homme extraordinaire, s'il parut eſtre éclairé, & voir tranquillement toutes choſes : c'eſt dans ces rapides momens d'où dépendent les victoires, & dans l'ardeur du combat. Par tout ailleurs il délibere; docile il preſte l'oreille à tous les conſeils : ici, tout ſe préſente à la fois; la multitude des objets ne le confond pas ; à l'inftant le parti eft pris ; il commande & il agit tout enfemble, & tout marche en concours & en feureté. Le diray-je ? mais pourquoy craindre que la gloire d'un fi grand homme puiffe eftre diminuée par cét aveu ? Ce n'eft plus ces promptes faillies qu'il fçavoit fi vifte & fi agréablement réparer, mais enfin qu'on luy voyoit quelquefois dans les occafions ordinaires : vous diriez qu'il y a en luy un autre homme, à qui fa grande ame abandonne de moindres ouvrages où elle ne daigne fe mefler. Dans le feu, dans le choc, dans l'ébranlement, on voit naiftre tout-à-coup je ne fçay quoy de fi net, de fi pofé, de fi vif, de fi ardent, de fi doux, de fi agréable pour les fiens, de fi hautain & de fi menaçant pour les ennemis, qu'on ne fçait d'où luy peut venir ce mélange de qualitez fi contraires. Dans cette terrible journée, où aux portes de la ville & à la veuë de fes citoyens, le ciel fembla vouloir décider du fort de ce Prince ; où avec l'élite des troupes il avoit en tefte un Général fi preffant où il fe vit plus que jamais expofé aux caprices de la fortune : pendant que les coups venoient de tous coftez, ceux qui combatoient auprés de luy nous ont dit fouvent, que fi l'on avoit à traiter quelque grande affaire avec ce Prince, on euft pu choifir de ces momens où tout eftoit en feu autour de luy : tant fon efprit s'élevoit alors, tant fon ame leur paroiffoit éclairée comme d'en haut en ces terribles rencontres ; femblable à ces hautes montagnes dont la cime au deffus des nuës & des tempeftes, trouve la férénité dans fa hauteur, & ne perd aucun rayon de la lumiere qui l'environne. Ainfi dans les plaines de Lens, nom agréable à la France, l'Archiduc contre fon deffein tiré d'un pofte invincible par l'apas d'un fuccés trompeur ; par un foudain mouvement du Prince qui luy oppofe des troupes fraifches à la place des troupes fatiguées, eft

contraint à prendre la fuite. Ses vieilles troupes pé-
riffent ; fon canon où il avoit mis fa confiance eft entre
nos mains ; & Bek qui l'avoit flaté d'une victoire affeurée, pris & bleffé dans le combat, vient rendre en
mourant un trifte hommage à fon vainqueur par fon
defefpoir. S'agit-il ou de fecourir ou de forcer une
ville ? le Prince fçaura profiter de tous les momens. Ainfi,
au premier avis que le hazard luy porta d'un fiege
important, il traverfe, trop promptement, tout un grand
païs ; & d'une premiere veûë il découvre un paffage
affeuré pour le fecours, aux endroits qu'un ennemi
vigilant n'a pu encore affez munir. Affiége-t-il quelque
place ? il invente tous les jours de nouveaux moyens
d'en avancer la conquefte. On croit qu'il expofe les troupes : il les ménage en abrégeant le temps des périls par
la vigueur des attaques. Parmi tant de coups furprenans,
les Gouverneurs les plus courageux ne tiennent pas les
promeffes qu'ils ont faites à leurs Généraux : Dunkerque
eft pris en treize jours au milieu des pluyes de l'au-
tomne ; & fes barques fi redoutées de nos alliez paroiffent tout-à-coup dans tout l'Ocean avec nos étendards.

Mais ce qu'un fage Général doit le mieux connoiftre,
c'eft fes foldats & fes chefs. Car de là vient ce parfait
concert qui fait agir les armées comme un feul corps,
ou pour parler avec l'Ecriture, *comme un feul homme :
Egreffus eft Ifraël tanquam vir unus*. Pourquoy comme
un feul homme ? parce que fous un mefme chef, qui
connoift & les foldats & les chefs comme fes bras &
fes mains, tout eft également vif & mefuré. C'eft ce qui
donne la victoire ; & j'ay oûï dire à noftre grand Prince
qu'à la journée de Nordlingue, ce qui l'affeuroit du
fuccés, c'eft qu'il connoiffoit M. de Turenne, dont
l'habileté confommée n'avoit befoin d'aucun ordre
pour faire tout ce qu'il falloit. Celui-ci publioit de

fon cofté qu'il agiffoit fans inquiétude, parce qu'il connoiffoit le Prince, & fes ordres toûjours feurs. C'eft ainfi qu'ils fe donnoient mutuellement un repos qui les appliquoit chacun tout entier à fon action : ainfi finit heureufement la bataille la plus hazardeufe & la plus difputée qui fut jamais.

Ç'a été dans noftre fiecle un grand fpectacle, de voir dans le mefme temps & dans les mefmes campagnes, ces deux hommes que la voix commune de toute l'Europe égaloit aux plus grands capitaines des fiecles paffez : tantoft à la tefte de corps féparez; tantoft unis plus encore par le concours des mefmes penfées, que par les ordres que l'inférieur recevoit de l'autre; tantoft oppofez front à front, & redoublant l'un dans l'autre l'activité & la vigilance : comme fi Dieu, dont fouvent, felon l'Ecriture, la fageffe fe joüe dans l'univers, euft voulu nous les montrer en toutes les formes, & nous montrer enfemble tout ce qu'il peut faire des hommes. Que de campemens, que de belles marches, que de hardieffes, que de précautions, que de périls, que de reffources! Vit-on jamais en deux hommes les mefmes vertus, avec des caracteres fi divers, pour ne pas dire fi contraires? L'un paroift agir par des réfléxions profondes; & l'autre par de foudaines illuminations : celui-ci par conféquent plus vif, mais fans que fon feu euft rien de précipité; celui-là d'un air plus froid fans jamais rien avoir de lent, plus hardi à faire qu'à parler, réfolu & déterminé au dedans lors mefme qu'il paroiffoit embaraffé au dehors. L'un dés qu'il parut dans les armées donne une haute idée de fa valeur, & fait attendre quelque chofe d'extraordinaire; mais toutefois s'avance par ordre, & vient comme par degrez aux prodiges qui ont fini le cours de fa vie : l'autre, comme un homme infpiré, dés fa premiere bataille s'égale aux maiſtres les plus conſommez. L'un par de vifs & continuels efforts force l'admiration du genre humain, & fait taire l'envie : l'autre jette d'abord une ſi vive lumiere, qu'elle n'oſoit l'attaquer. L'un enfin, par la profondeur de ſon génie & les incroyables reſſources de ſon courage, s'éleve au deſſus des plus grands périls, & ſçait méſme profiter de toutes les infidélitez de la fortune : l'autre, & par l'avantage d'une ſi haute naiſſance, & par ces grandes penſées que le ciel envoye, & par une eſpece d'inſtinct admirable dont les hommes ne connoiſſent pas le ſecret, ſemble né pour entraîner la fortune dans ſes deſſeins, & forcer les deſtinées. Et afin que l'on viſt toûjours dans ces deux hommes de grands caracteres, mais divers, l'un emporté d'un coup ſoudain meurt pour ſon païs, comme un Judas le Machabée ; l'armée le pleure comme ſon pere, & la Cour & tout le peuple gemit ; ſa piété eſt loûée comme ſon courage, & ſa mémoire ne ſe flétrit point par le temps : l'autre élevé par les armes au comble de la gloire comme un David, comme luy meurt dans ſon lit en publiant les loüanges de Dieu & inſtruiſant ſa famille ; & laiſſe tous les cœurs remplis tant de l'éclat de ſa vie que de la douceur de ſa mort. Quel ſpectacle de voir & d'étudier ces deux hommes, & d'apprendre de chacun d'eux toute l'eſtime que méritoit l'autre ! C'eſt ce qu'a veû noſtre ſiecle : & ce qui eſt encore plus grand, il a veû un Roy ſe ſervir de ces deux grands chefs, & profiter du ſecours du Ciel ; & aprés qu'il en eſt privé par la mort de l'un & les maladies de l'autre, concevoir de plus grands deſſeins, éxécuter de plus grandes choſes, s'élever au deſſus de luy-meſme, ſurpaſſer & l'eſpérance des ſiens, & l'attente de l'univers : tant eſt haut ſon courage, tant eſt vaſte ſon intelligence, tant ſes deſtinées ſont glorieuſes.

Voilà, Messieurs, les ſpectacles que Dieu donne à

l'univers ; & les hommes qu'il y envoye quand il y veut faire éclater tantoſt dans une nation, tantoſt dans une autre, felon. fes conſeils éternels, fa puiſſance ou fa fageſſe. Car ces divins attributs paroiſſent-ils mieux dans les cieux qu'il a formez de fes doigts, que dans ces rares talens qu'il diſtribuë comme il luy plaiſt aux hommes extraordinaires ? Quel aſtre brille davantage dans le firmament, que le Prince de Condé n'a fait dans l'Europe ? Ce n'eſtoit pas feulement la guerre qui luy donnoit de l'éclat : fon grand génie embraſſoit tout ; l'antique comme le moderne, l'hiſtoire, la philoſophie, la théologie la plus fublime, & les arts avec les fciences. Il n'y avoit livre qu'il ne leuſt : il n'y avoit homme excellent, ou dans quelque ſpéculation, ou dans quelque ouvrage, qu'il n'entretinſt : tous fortoient plus éclairez d'avec luy, & rectifioient leurs penſées ou par ſes pénétrantes queſtions, ou par fes réfléxions judicieuſes. Auſſi fa converſation eſtoit un charme, parce qu'il fçavoit parler à chacun felon fes talens ; & non feulement aux gens de guerre de leurs entrepriſes, aux courtiſans de leurs intéreſts, aux politiques de leurs négotiations, mais encore aux voyageurs curieux de ce qu'ils avoient découvert ou dans la nature ou dans le gouvernement ou dans le commerce, à l'artiſan de fes inventions, & enfin aux fçavans de toutes les fortes de ce qu'ils avoient trouvé de plus merveilleux. C'eſt de Dieu que viennent ces dons : qui en doute ? Ces dons ſont admirables : qui ne le voit pas ? Mais pour confondre l'eſprit humain qui s'enorgueillit de tels dons, Dieu ne craint point d'en faire part à fes ennemis. Saint Auguſtin confidere parmi les payens tant de ſages, tant de conquerans, tant de graves legiſlateurs, tant d'excellens citoyens, un Socrate, un Marc-Aurele, un Scipion, un Céſar, un Aléxandre, tous privez de la connoiffance de Dieu, & exclus de fon royaume éternel. N'eft-ce donc pas Dieu qui les a faits ? Mais quel autre les pouvoit faire, fi ce n'eft celuy qui fait tout dans le ciel & dans la terre ? Mais pourquoy les a-t-il faits ? & quels eftoient les deffeins particuliers de cette Sageffe profonde qui jamais ne fait rien en vain ? Ecoutez la réponfe de Saint Auguftin. *Il les a faits, nous dit-il, pour orner le fiecle prefent: ut ordinem fæculi præfentis ornaret.* Il a fait dans les grands hommes ces rares qualitez, comme il a fait le foleil. Qui n'admire ce bel aftre ? qui n'eft ravi de l'éclat de fon midi, & de la fuperbe parure de fon levé & de fon couché ? Mais puis que Dieu le fait luire fur les bons & fur les mauvais, ce n'eft pas un fi bel objet qui nous rend heureux : Dieu l'a fait pour embellir & pour éclairer ce grand théatre du monde. De mefme, quand il a fait dans fes ennemis auffi-bien que dans fes ferviteurs, ces belles lumieres d'efprit, ces rayons de fon intelligence, ces images de fa bonté : ce n'eft pas pour les rendre heureux qu'il leur a fait ces riches préfens ; c'eft une décoration de l'univers, c'eft un ornement du fiecle préfent. Et voyez la malheureufe deftinée de ces hommes qu'il a choifis pour eftre les ornemens de leur fiecle. Qu'ont-ils voulu ces hommes rares, finon des louanges & la gloire que les hommes donnent ? Peut-eftre que pour les confondre, Dieu refufera cette gloire à leurs vains defirs ? Non : il les confond mieux en la leur donnant, & mefme au-delà de leur attente. Cét Alexandre qui ne vouloit que faire du bruit dans le monde, y en fait plus qu'il n'auroit ofé efpérer. Il faut encore qu'il fe trouve dans tous nos panégyriques ; & il femble par une efpece de fatalité glorieufe à ce conquerant, qu'aucun Prince ne puiffe recevoir de louanges qu'il ne les partage. S'il a fallu quelque récompenfe à ces grandes actions des

Romains, Dieu leur en a fceû trouver une convenable à leurs mérites comme à leurs defirs. Il leur donne pour récompenfe l'empire du monde, comme un préfent de nul prix : ô Rois, confondez-vous dans voftre grandeur : Conquerans, ne vantez pas vos victoires. Il leur donne pour récompenfe la gloire des hommes : récompenfe qui ne vient pas jufqu'à eux ; qui s'efforce de s'attacher, quoy ? peut-eftre à leurs médailles, ou à leurs ftatuës déterrées, reftes des ans & des Barbares ; aux ruines de leurs monumens & de leurs ouvrages qui difputent avec le temps ; ou pluftoft à leur idée, à leur ombre, à ce qu'on appelle leur nom. Voilà le digne prix de tant de travaux, & dans le comble de leurs vœux la conviction de leur erreur. Venez, raffafiez-vous, Grands de la terre : faififfez-vous, fi vous pouvez, de ce fantofme de gloire, à l'éxemple de ces grands hommes que vous admirez. Dieu qui punit leur orgueïl dans les enfers, ne leur a pas envié, dit Saint Auguftin, cette gloire tant defirée ; & *vains ils ont receû une récompenfe auffi vaine que leurs défirs. Receperunt mercedem fuam, vani vanam.*

Il n'en sera pas ainfi de noftre grand Prince : l'heure de Dieu eft venuë, heure attenduë, heure defirée, heure de miféricorde & de grace. Sans eftre averti par la maladie, fans eftre preffé par le temps, il éxecute ce qu'il méditoit. Un fage Religieux qu'il appelle exprés, regle les affaires de fa confcience : il obéït, humble Chreftien, a fa décifion ; & nul n'a jamais douté de fa bonne foy. Deflors auffi on le vit toûjours férieufement occupé du foin de fe vaincre foy-mefme, de rendre vaines toutes les attaques de fes infupportables douleurs, d'en faire par fa foumiffion un continuel facrifice. Dieu qu'il invoquoit avec foy, luy donna le gouft de fon Ecriture, & dans ce livre divin la folide nourriture de la piété.

Ses conseils se régloient plus que jamais par la justice : on y soulageoit la veuve & l'orphelin ; & le pauvre en approchoit avec confiance. Sérieux autant qu'agréable pere de famille, dans les douceurs qu'il goutoit avec ses enfans il ne cessoit de leur inspirer les sentimens de la véritable vertu ; & ce jeune Prince son petit-fils se sentira éternellement d'avoir esté cultivé par de telles mains. Toute sa maison profitoit de son éxemple. Plusieurs de ses domestiques avoient esté malheureusement nourris dans l'erreur, que la France toléroit alors : combien de fois l'a-t-on veu inquiété de leur salut, affligé de leur résistance, consolé par leur conversion ? Avec quelle incomparable netteté d'esprit, leur faisoit-il voir l'antiquité & la vérité de la Religion Catholique ? Ce n'estoit plus cét ardent vainqueur, qui sembloit vouloir tout emporter : c'estoit une douceur, une patience, une charité qui songeoit à gagner les cœurs, & à guérir des esprits malades. C'est, Messieurs, ces choses simples, gouverner sa famille, édifier ses domestiques, faire justice & miséricorde, accomplir le bien que Dieu veut, & souffrir les maux qu'il envoye ; c'est ces communes pratiques de la vie Chrestienne, que Jesus-Christ louera au dernier jour devant ses saints Anges, & devant son Pere céleste. Les histoires seront abolies avec les empires, & il ne se parlera plus de tous ces faits éclatans dont elles sont pleines. Pendant qu'il passoit sa vie dans ces occupations, & qu'il portoit au-dessus de ses actions les plus renommées la gloire d'une si belle & si pieuse retraite ; la nouvelle de la maladie de la Duchesse de Bourbon vint à Chantilli comme un coup de foudre. Qui ne fut frapé de la crainte de voir éteindre cette lumiere naissante ? On appréhenda qu'elle n'eust le sort des choses avancées. Quels furent les sentimens du Prince de Condé, lorsqu'il se vit menacé de perdre ce nouveau lien de sa famille avec la personne du Roy! C'est donc dans cette occasion que devoit mourir ce Héros! celuy que tant de sieges & tant de batailles n'ont pu emporter, va périr par sa tendresse! Pénétré de toutes les inquiétudes que donne un mal affreux, son cœur qui le soutient seul depuis si long-temps, acheve à ce coup de l'accabler : les forces qu'il luy fait trouver, l'épuisent. S'il oublie toute sa foiblesse à la veüe du Roy qui approche de la Princesse malade; si transporté de son zele, & sans avoir besoin de secours à cette fois, il accourt pour l'avertir de tous les perils que ce grand Roy ne craignoit pas, & qu'il l'empesche enfin d'avancer : il va tomber évanoûï à quatre pas; & on admire cette nouvelle maniere de s'exposer pour son Roy. Quoy-que la Duchesse d'Anguien, Princesse dont la vertu ne craignit jamais que de manquer à sa famille & à ses devoirs, eust obtenu de demeurer auprés de luy pour le soulager, la vigilance de cette Princesse ne calme pas les soins qui le travaillent; & aprés que la jeune Princesse est hors de péril, la maladie du Roy va bien causer d'autres troubles à nostre Prince. Puis-je ne m'arrester pas en cét endroit! A voir la sérénité qui reluisoit sur ce front auguste, eust-on soupçonné que ce grand Roy, en retournant à Versailles, allast s'exposer à ces cruelles douleurs, où l'Univers a connu sa pieté, sa constance, & tout l'amour de ses peuples? De quels yeux le regardions-nous lors qu'aux dépens d'une santé qui nous est si chere, il vouloit bien adoucir nos cruelles inquiétudes par la consolation de le voir; & que maistre de sa douleur comme de tout le reste des choses, nous le voyions tous les jours non seulement régler ses affaires selon sa coutume, mais encore entretenir sa Cour attendrie, avec la mesme tranquillité qu'il luy fait paroistre dans ses jardins enchantez ! Beni foit-il de Dieu & des hommes, d'unir ainfi toûjours la bonté à toutes les autres qualitez que nous admirons ! Parmi toutes fes douleurs, il s'informoit avec foin de l'état du Prince de Condé ; & il marquoit pour la fanté de ce Prince une inquiétude qu'il n'avoit pas pour la fienne. Il s'affoibliffoit ce grand Prince, mais la mort cachoit fes approches. Lors qu'on le crut en meilleur état, & que le Duc d'Anguien, toûjours partagé entre les devoirs de fils & de fujet, eftoit retourné par fon ordre auprés du Roy, tout change en un moment, & on déclare au Prince fa mort prochaine. CHRESTIENS, foyez attentifs, & venez apprendre à mourir : ou pluftôft, venez apprendre à n'attendre pas la derniere heure pour commencer à bien vivre. Quoy, attendre à commencer une vie nouvelle, lors qu'entre les mains de la mort, glacez fous fes froides mains, vous ne fçaurez fi vous eftes avec les morts ou encore avec les vivans ! Ha, prévenez par la pénitence cette heure de troubles & de ténebres ! Par là, fans eftre étonné de cette derniere fentence qu'on luy prononça, le Prince demeure un moment dans le filence ; & tout-à-coup, *O mon Dieu*, dit-il, *vous le voulez, voftre volonté foit faite : je me jette entre vos bras ; donnez-moy la grace de bien mourir.* Que defirez-vous davantage ? Dans cette courte priere, vous voyez fa foumiffion aux ordres de Dieu, l'abandon à fa providence, la confiance en fa grace, & toute la piété. Deflors auffi, tel qu'on l'avoit veû dans tous fes combats, réfolu, paifible, occupé fans inquiétude de ce qu'il falloit faire pour les foutenir : tel fut-il à ce dernier choc ; & la mort ne luy parut pas plus affreufe, pafle & languiffante, que lors qu'elle fe préfente au milieu du feu fous l'éclat de la victoire qu'elle montre feule. Pendant que les fanglots éclatoient de toutes parts, comme fi un autre que luy en euſt eſté le ſujet, il continuoit à donner ſes ordres ; & s'il défendoit les pleurs, ce n'eſtoit pas comme un objet dont il fuſt troublé, mais comme un empeſchement qui le retardoit. A ce moment, il étend ſes ſoins juſqu'aux moindres de ſes domeſtiques. Avec une libéralité digne de ſa naiſſance & de leurs ſervices, il les laiſſe comblez de ſes dons, mais encore plus honorez des marques de ſon ſouvenir. Comme il donnoit des ordres particuliers & de la plus haute importance, puis qu'il y alloit de ſa conſcience & de ſon ſalut éternel; averti qu'il falloit écrire & ordonner dans les formes : quand je devrois, Monseigneur, renouveller vos douleurs, & rouvrir toutes les playes de voſtre cœur, je ne tairay pas ces paroles qu'il répéta ſi ſouvent : qu'il vous connoiſſoit, qu'il n'y avoit ſans formalité qu'à vous dire ſes intentions ; que vous iriez encore au-delà, & ſuppléeriez de vous-meſme à tout ce qu'il pourroit avoir oublié. Qu'un Pére vous ait aimé, je ne m'en étonne pas ; c'eſt un ſentiment que la nature inſpire : mais qu'un Pere ſi éclairé vous ait témoigné cette confiance juſqu'au dernier ſoupir, qu'il ſe ſoit repoſé ſur vous de choſes ſi importantes, & qu'il meure tranquillement ſur cette aſſeûrance, c'eſt le plus beau témoignage que voſtre vertu pouvoit remporter ; & malgré tout voſtre mérite, Vostre Altesse n'aura de moy aujourd'hui que cette louange.

Ce que le Prince commença en ſuite pour s'aquiter des devoirs de la Religion, mériteroit d'eſtre raconté à toute la terre : non à cauſe qu'il eſt remarquable; mais à cauſe, pour ainſi dire, qu'il ne l'eſt pas, & qu'un Prince ſi expoſé à tout l'univers ne donne rien aux ſpectateurs. N'attendez donc pas, Messieurs, de ces magnifiques paroles qui ne ſervent qu'à faire connoiſtre, ſinon un orgueïl caché, du moins les efforts d'une ame

agitée, qui combat ou qui diffimule fon trouble fecret.
Le Prince de Condé ne fçait ce que c'eft que de prononcer de ces pompeufes fentences ; & dans la mort,
comme dans la vie, la vérité fit toûjours toute fa grandeur. Sa confeffion fut humble, pleine de componction
& de confiance. Il ne luy fallut pas long-temps pour la
préparer : la meilleure préparation pour celle des derniers temps, c'eft de ne les attendre pas. Mais, Messieurs, preftez l'oreille à ce qui va fuivre. A la veuë du
faint Viatique qu'il avoit tant defiré, voyez comme il
s'arrefte fur ce doux objet. Alors il fe fouvint des irrévé-
rences, dont, helas, on deshonore ce divin myftere! Les
Chreftiens ne connoiffent plus la fainte frayeur dont
on eftoit faifi autrefois à la veuë du facrifice. On diroit
qu'il euft ceffé d'eftre terrible, comme l'appelloient les
faints Peres ; & que le fang de noftre Victime n'y coule
pas encore auffi véritablement que fur le Calvaire.
Loin de trembler devant les autels, on y méprife
Jesus-Christ préfent ; & dans un temps où tout un
royaume fe remuë pour la converfion des hérétiques,
on ne craint point d'en autorifer les blafphêmes. Gens du
monde, vous ne penfez pas à ces horribles profanations :
à la mort vous y penferez avec confufion & faififfement.
Le Prince fe reffouvint de toutes les fautes qu'il avoit
commifes ; & trop foible pour expliquer avec force ce
qu'il en fentoit, il emprunta la voix de fon Confeffeur
pour en demander pardon au monde, à fes domeftiques,
& à fes amis. On luy répondit par des fanglots : ha,
répondez-luy maintenant en profitant de cét éxemple !
Les autres devoirs de la religion furent accomplis
avec la mefme piété & la mefme préfence d'efprit.
Avec quelle foy, & combien de fois pria-t-il le Sauveur
des ames, en baifant fa Croix, que fon Sang répandu
pour luy ne le fuft pas inutilement ? C'eft ce qui juftifie

le pécheur ; c'eſt ce qui ſoutient le juſte ; c'eſt ce qui raſſeûre le Chreſtien. Que diray-je des ſaintes prieres des agonizans, où dans les efforts que fait l'Egliſe on entend ſes vœux les plus empreſſez, & comme les derniers cris par où cette ſainte mere acheve de nous enfanter à la vie céleſte ! Il ſe les fit répéter trois fois, & il y trouva toûjours de nouvelles conſolations. En remerciant ſes médecins, *Voilà*, dit-il, *maintenant mes vrais médecins* : il montroit les Eccléſiaſtiques dont il écoutoit les avis, dont il continuoit les prieres ; les Pſeaumes toûjours à la bouche, la confiance toûjours dans le cœur. S'il ſe plaignit, c'eſtoit ſeulement d'avoir ſi peu à ſouffrir pour expier ſes péchez : ſenſible juſques à la fin à la tendreſſe des ſiens, il ne s'y laiſſa jamais vaincre ; & au contraire il craignoit toûjours de trop donner à la nature. Que diray-je de ſes derniers entretiens avec le Duc d'Anguien ? Quelles couleurs aſſez vives pourroient vous repréſenter & la conſtance du Pere & les extrêmes douleurs du Fils ? D'abord le viſage en pleurs, avec plus de ſanglots que de paroles, tantoſt la bouche collée ſur ces mains victorieuſes & maintenant défaillantes, tantoſt ſe jettant entre ces bras & dans ce ſein paternel, il ſemble par tant d'efforts vouloir retenir ce cher objet de ſes reſpects & de ſes tendreſſes. Les forces luy manquent : il tombe à ſes pieds. Le Prince ſans s'émouvoir, luy laiſſe reprendre ſes eſprits : puis appellant la Ducheſſe ſa belle-fille qu'il voyoit auſſi ſans parole & preſque ſans vie, avec une tendreſſe qui n'eut rien de foible il leur donne ſes derniers ordres où tout reſpiroit la piété. Il les finit en les beniſſant avec cette foy & avec ces vœux que Dieu exauce ; & en béniſſant avec eux, ainſi qu'un autre Jacob, chacun de leurs enfans en particulier : & on vit de part & d'autre tout ce qu'on affoiblit en le répétant. Je ne vous oublieray pas, ô Prince son cher neveu, & comme son second fils, ni le glorieux témoignage qu'il a rendu constamment à vostre mérite, ni ses tendres empressemens & la lettre qu'il évrivit en mourant pour vous rétablir dans les bonnes graces du Roy, le plus cher objet de vos vœux; ni tant de belles qualitez qui vous ont fait juger digne d'avoir si vivement occupé les dernieres heures d'une si belle vie. Je n'oublieray pas non plus les bontez du Roy quï prévinrent les desirs du Prince mourant, ni les généreux soins du Duc d'Anguien qui ménagea cette grace ; ni le gré que luy sceût le Prince d'avoir esté si soigneux en luy donnant cette joye d'obliger un si cher parent. Pendant que son cœur s'épanche, & que sa voix se ranime en louant le Roy, le Prince de Conti arrive pénétré de reconnoissance & de douleur. Les tendresses se renouvellent : les deux Princes ouïrent ensemble ce qui ne sortira jamais de leur cœur : & le Prince conclut, en leur confirmant qu'ils ne seroient jamais ni grands hommes, ni grands princes, ni honnestes gens, qu'autant qu'ils seroient gens de bien, fideles à Dieu & au Roy. C'est la derniere parole qu'il laissa gravée dans leur mémoire ; c'est avec la derniere marque de sa tendresse, l'abregé de leurs devoirs. Tout retentissoit de cris, tout fondoit en larmes : le Prince seul n'estoit pas émeu, & le trouble n'arrivoit pas dans l'asile où il s'estoit mis. O Dieu, vous estiez sa force, son inébranlable refuge, &, comme disoit David, ce fermé rocher où s'appuyoit sa constance ! Puis-je taire durant ce temps ce qui se faisoit à la Cour & en la présence du Roy ? Lors qu'il y fit lire la derniere lettre que luy écrivit ce grand homme, & qu'on y vit dans les trois temps que marquoit le Prince, ses services qu'il y passoit si légérement au commencement & à la fin de sa vie, & dans le milieu ses fautes dont il faisoit une si sincére reconnoiffance : il n'y eut cœur qui ne s'attendrit à l'entendre parler de luy-mefme avec tant de modeftie ; & cette lecture fuivie des larmes du Roy fit voir ce que les héros fentent les uns pour les autres. Mais lors qu'on vint à l'endroit du remerciment, où le Prince marquoit qu'il mouroit content, & trop heureux d'avoir encore affez de vie pour témoigner au Roy fa reconnoiffance, fon dévouëment, & s'il l'ofoit dire, fa tendreffe : tout le monde rendit témoignage à la vérité de fes fentimens ; & ceux qui l'avoient oûï parler fi fouvent de ce grand Roy dans fes entretiens familiers, pouvoient affeurer que jamais ils n'avoient rien entendu ni de plus refpectueux & de plus tendre pour fa perfonne facrée, ni de plus fort pour célébrer fes vertus royales, fa piété, fon courage, fon grand génie, principalement à la guerre, que ce qu'en difoit ce grand Prince avec auffi peu d'éxagération que de flaterie. Pendant qu'on luy rendoit ce beau témoignage, ce grand homme n'eftoit plus. Tranquille entre les bras de fon Dieu où il s'eftoit une fois jetté, il attendoit fa miféricorde & imploroit fon fecours, jufqu'à ce qu'il ceffa enfin de refpirer & de vivre. C'eft ici qu'il faudroit laiffer éclater fes juftes douleurs à la perte d'un fi grand homme : mais pour l'amour de la vérité, & la honte de ceux qui la méconnoiffent, écoutez encore ce beau témoignage qu'il luy rendit en mourant. Averti par fon Confeffeur que fi noftre cœur n'eftoit pas encore entierement felon Dieu, il falloit, en s'adreffant à Dieu mefme, obtenir qu'il nous fift un cœur comme il le vouloit, & luy dire avec David ces tendres paroles, *O Dieu, créez en moy un cœur pur* : à ces mots le Prince s'arrefte comme occupé de quelque grande penfée ; puis appellant le faint Religieux qui luy avoit infpiré ce beau fentiment, *Je n'ay jamais douté,* dit-il, *des myfteres de la Religion, quoy qu'on ait dit.* Chreftiens, vous l'en devez croire ; & dans l'eſtat où il eſt, il ne doit plus rien au monde que la vérité. *Mais*, pourſuivit-il, *j'en doute moins que jamais. Que ces véritez*, continuoit-il avec une douceur raviſſante, *ſe démeſlent, & s'éclairciſſent dans mon eſprit. Oüi*, dit-il, *nous verrons Dieu comme il eſt, face à face*. Il répétoit en latin avec un gouſt merveilleux ces grands mots : *Sicuti eſt, facie ad faciem ;* & on ne ſe laſſoit point de le voir dans ce doux tranſport. Que ſe faiſoit-il dans cette ame ? quelle nouvelle lumiere luy apparoiſſoit ? quelle ſoudain rayon perçoit la nuë, & faiſoit comme évanoüir en ce moment avec toutes les ignorances des ſens, les ténebres meſmes, ſi je l'oſe dire, & les ſaintes obſcuritez de la Foy ? Que devinrent alors ſes beaux titres dont noſtre orgueïl eſt flaté ? Dans l'approche d'un ſi beau jour, & dés la premiere atteinte d'une ſi vive lumiere, combien promptement diſparoiſſent tous les fantoſmes du monde ! que l'éclat de la plus belle victoire paroiſt ſombre ! qu'on en mépriſe la gloire, & qu'on veut de mal à ces foibles yeux qui s'y ſont laiſſez éblouir ! Venez, Peuples, venez maintenant ; mais venez pluſtoſt, Princes & Seigneurs ; & vous qui jugez la terre, & vous qui ouvrez aux hommes les portes du ciel ; & vous plus que tous les autres, Princes & Princeſſes, nobles rejettons de tant de Rois, lumieres de la France, mais aujourd'hui obſcurcies & couvertes de voſtre douleur comme d'un nuage : venez voir le peu qui nous reſte d'une ſi auguſte naiſſance, de tant de grandeur, de tant de gloire. Jettez les yeux de toutes parts : voilà tout ce qu'a pû faire la magnificence & la piété pour honorer un héros : des titres, des inſcriptions, vaines marques de ce qui n'eſt plus ; des figures qui ſemblent pleurer autour d'un tombeau, & des fragiles images d'une douleur que le temps emporte avec tout le reſte ; des colonnes qui semblent vouloir porter jusqu'au ciel le magnifique témoignage de nostre néant : & rien enfin ne manque dans tous ces honneurs, que celuy à qui on les rend. Pleurez donc sur ces foibles restes de la vie humaine, pleurez sur cette triste immortalité que nous donnons aux héros. Mais approchez en particulier, ô vous qui courez avec tant d'ardeur dans la carriere de la gloire, Ames guerrieres & intrépides. Quel autre fut plus digne de vous commander? mais dans quel autre avez-vous trouvé le commandement plus honneste ? Pleurez donc ce grand Capitaine, & dites en gémissant : Voilà celuy qui nous menoit dans les hazards ; sous luy se sont formez tant de renommez capitaines que ses éxemples ont élevez aux premiers honneurs de la guerre : son ombre eust pû encore gagner des batailles ; & voilà que dans son silence son nom mesme nous anime, & ensemble il nous avertit que pour trouver à la mort quelque reste de nos travaux, & n'arriver pas sans ressource à nostre éternelle demeure, avec le Roy de la terre il faut encore servir le Roy du Ciel. Servez donc ce Roy immortel & si plein de miséricorde, qui vous comptera un soupir & un verre d'eau donné en son nom, plus que tous les autres ne feront jamais tout vostre sang répandu ; & commencez à compter le temps de vos utiles services du jour que vous vous serez donnez à un maistre si bienfaisant. Et vous, ne viendrez-vous pas à ce triste monument, vous, dis-je, qu'il a bien voulu mettre au rang de ses amis ? Tous ensemble, en quelque degré de sa confiance qu'il vous ait receûs, environnez ce tombeau ; versez des larmes avec des prieres ; & admirant dans un si grand Prince une amitié si commode & un commerce si doux, conservez le souvenir d'un héros dont la bonté avoit égalé le courage. Ainsi puisse-t'il toûjours vous estre un cher entretien ; ainfi puiffiez-vous profiter de fes vertus : & que fa mort, que vous déplorez, vous ferve à la fois de confolation & d'éxemple. Pour moy, s'il m'eft permis aprés tous les autres, de venir rendre les derniers devoirs à ce tombeau, ô Prince, le digne fujet de nos louanges & de nos regrets, vous vivrez éternellement dans ma mémoire : voftre image y fera tracée, non point avec cette audace qui promettoit la victoire ; non, je ne veux rien voir en vous de ce que la mort y efface. Vous aurez dans cette image des traits immortels : je vous y verray tel que vous eftiez à ce dernier jour fous la main de Dieu, lors que fa gloire fembla commencer à vous apparoiftre. C'eft là que je vous verray plus triomphant qu'à Fribourg & à Rocroy ; & ravi d'un fi beau triomphe, je diray en actions de graces ces belles paroles du bienaimé Difciple : *Et hæc eft victoria quæ vincit mundum, fides noftra : La véritable victoire, celle qui met fous nos pieds le monde entier, c'eft noftre Foy.* Jouïffez, Prince, de cette victoire, jouïffez-en éternellement par l'immortelle vertu de ce facrifice. Agréez ces derniers efforts d'une voix qui vous fut connuë. Vous mettrez fin à tous ces difcours. Au lieu de déplorer la mort des autres, Grand Prince, dorénavant je veux apprendre de vous à rendre la mienne fainte : heureux, fi averti par ces cheveux blancs du compte que je dois rendre de mon adminiftration, je réferve au troupeau que je dois nourrir de la parole de vie, les reftes d'une voix qui tombe, & d'une ardeur qui s'éteint.

TABLE DES MATIÈRES

Oraifon funèbre de LA REINE D'ANGLETERRE 1
— de MADAME, DUCHESSE D'ORLÉANS . . . 37
— de MARIE THÉRÈSE D'AUTRICHE 71
— de LA PRINCESSE PALATINE 111
— de MICHEL LE TELLIER 149
— du PRINCE DE CONDÉ 189

Paris. — Imprimerie Motteroz, rue du Dragon. 31.

www.ingramcontent.com/pod-product-compliance
Lightning Source LLC
Chambersburg PA
CBHW051904160426
43198CB00012B/1746